SPAN
236.24
ALE

#13

JAN 1 6 2015

La Geografía del Cielo

DOCTOR
EBEN ALEXANDER
CON
PTOLEMY TOMPKINS

La GEOGRAFÍA *del* CIELO

Impactantes testimonios sobre experiencias cercanas a la muerte, espiritualidad e investigación científica

DIANA

Obra editada en colaboración con Grupo Editorial Planeta S.A.I.C. – Argentina

Diseño de portada: Christopher Lin
Fotografía de portada: Flor de loto © Coolkengzz/Shutterstock
Adaptación de interiores: Víctor Ortiz Pelayo - www.nigiro.com

Título original: *Map of Heaven*

THE GEOGRAPHY OF HEAVEN
© 2014 by Ptolemy Tompkins Eben Alexander III

© 2014, Eben Alexander LLC

© 2014, Sandra Rodríguez, de la traducción
© 2014, Grupo Editorial Planeta S.A.I.C. – Buenos Aires, Argentina

Derechos reservados

© 2014, Editorial Planeta Mexicana, S.A. de C.V.
Bajo el sello editorial DIANA M.R.
Avenida Presidente Masarik núm. 111, 2o. piso
Colonia Chapultepec Morales
C.P. 11570, México, D.F.
www.editorialplaneta.com.mx

Primera edición impresa en México: noviembre de 2014
ISBN: 978-607-07-2447-3

No se permite la reproducción total o parcial de este libro ni su incorporación a un sistema informático, ni su transmisión en cualquier forma o por cualquier medio, sea este electrónico, mecánico, por fotocopia, por grabación u otros métodos, sin el permiso previo y por escrito de los titulares del *copyright*.
La infracción de los derechos mencionados puede ser constitutiva de delito contra la propiedad intelectual (Arts. 229 y siguientes de la Ley Federal de Derechos de Autor y Arts. 424 y siguientes del Código Penal).

Impreso en los talleres de Litográfica Ingramex, S.A. de C.V.
Centeno núm. 162-1, colonia Granjas Esmeralda, México, D.F.
Impreso en México – *Printed in Mexico*

Para todas las almas valientes cuyos corazones amorosos anhelan acercarse a la verdad de nuestra existencia.

ÍNDICE

Introducción.................................. 11

Capítulo 1. El regalo del conocimiento......... 41
Capítulo 2. El regalo del significado.......... 57
Capítulo 3. El regalo de la visión............. 87
Capítulo 4. El regalo de la fuerza 109
Capítulo 5. El regalo de pertenecer............ 119
Capítulo 6. El regalo de la alegría............ 145
Capítulo 7. El regalo de la esperanza.......... 167

Reconocimientos.............................. 195
Apéndice:
Las respuestas están dentro de todos nosotros 199
Bibliografía................................. 211
Índice 223

INTRODUCCIÓN

Soy el hijo de la tierra y el cielo estrellado, pero mi verdadera raza es del cielo.

Fragmento de un antiguo texto griego que daba instrucciones al alma recientemente fallecida respecto a cómo conducirse por la vida después de la vida

Imagínese una pareja joven en su boda. La ceremonia ya se acabó, y todos se arremolinan en los escalones de la iglesia para una foto. Pero la pareja, en este momento en particular, no los nota. Están demasiado ocupados el uno con el otro. Se están mirando profundamente a los ojos —a las ventanas del alma, como Shakespeare los llamó—.

Profundo. Una palabra graciosa para describir una acción que sabemos que realmente no puede ser profunda en absoluto. La visión es un asunto estrictamente físico. Los fotones de luz tienen un impacto en la pared retinal de la parte trasera del ojo, una simple pulgada detrás de la pupila, aproximadamente, y la información que entregan entonces se traduce en impulsos electroquímicos que viajan por el nervio óptico hacia el centro de procesamiento visual en la parte trasera del cerebro. Es un proceso enteramente mecánico.

Pero, por supuesto, todo el mundo sabe justamente lo que usted quiere decir cuando dice que está mirando a alguien profundamente a los ojos. Usted está viendo el alma de esa persona, esa parte del ser humano de la que el antiguo filósofo griego Heráclito hablaba hace unos 2 500 años cuando escribió: «Ni aun recorriendo todo camino llegarás a encontrar los límites del alma; tan profunda y vasta es». Sea una ilusión o no, alcanzar a mirar esa profundidad cuando se presenta es algo poderoso.

Vemos que esta profundidad se manifiesta con más fuerza en dos ocasiones: cuando nos enamoramos y cuando vemos a alguien morir. La mayoría de las personas han experimentado lo primero, aunque han experimentado menos lo segundo en nuestra sociedad donde la muerte está tan hecha a un lado para que no sea vista. Pero las personas del área médica y quienes trabajan con enfermos terminales —que ven la muerte con regularidad— de inmediato sabrán de lo que les estoy hablando. De repente, donde había profundidad queda solo superficie. La mirada viviente —incluso si la persona en cuestión era muy mayor y esa mirada era vaga e intermitente— se aplana.

Vemos esto también cuando un animal muere. El camino directo a lo que el investigador sobre religiones del siglo XX Titus Burckhardt llamó «el ámbito introspectivo del alma» se muere y el cuerpo se convierte, en esencia, en algo similar a un aparato sin conectar.

Así que imagine a esa novia y al novio cuando se miran el uno al otro a los ojos y ven esa profundidad sin fondo. El obturador se cierra de golpe. La imagen es capturada. Una fotografía perfecta de un par de jóvenes recién casados.

Ahora salte media docena de décadas hacia adelante. Imagine que esta pareja tuvo hijos y que esos hijos tuvieron hijos propios. El hombre de la foto ha muerto y la mujer ahora vive sola en una vivienda donde recibe asistencia. Sus hijos la visitan y tiene amigos en las instalaciones, pero a veces, como justo ahora, se siente sola.

Es una tarde lluviosa y la mujer, sentada cerca de su ventana, ha tomado esa foto de la mesita lateral donde la exhibe enmarcada. En medio de la luz grisácea que se filtra, la mira. La foto, al igual que la propia mujer, ha recorrido un largo camino para llegar hasta ahí. Empezó en un álbum fotográfico que le fue regalado a uno de sus hijos, luego se colocó en un marco y vino con ella cuando se mudó a las instalaciones. Aunque es frágil, está un poco amarillenta y está doblada en las orillas; ha sobrevivido. Ve a la mujer joven que solía ser, cuando miraba los ojos de su nuevo esposo, y recuerda cómo en ese momento él era más real para ella que ninguna otra cosa en el mundo.

¿Dónde está ahora? ¿Todavía existe?

En días buenos, la mujer sabe que sí. Seguramente el hombre que amó tanto durante todos esos años no podría haber desaparecido simplemente cuando su cuerpo murió. Ella sabe —vagamente— lo que la religión tiene que decir al respecto. Su esposo ya está en el cielo: un cielo que, a través de años de asistencia a la iglesia más o menos constante, es algo en lo que ha aseverado creer. Aunque en el fondo nunca ha estado del todo segura.

Así que en otros días —días como hoy— ella duda. Porque también sabe lo que la ciencia tiene que decir al respecto. Sí, amó a su esposo. Pero el amor es una emoción, una reacción electroquímica que sucede en la profundidad del cerebro y libera hormonas hacia el cuerpo, las cuales dictan nuestros estados de ánimo y nos dicen si debemos estar felices o tristes, jubilosos o desconsolados.

En pocas palabras, el amor es irreal.

¿*Qué* es lo real? Bueno, es obvio. Las moléculas de acero y cromo y aluminio y plástico en la silla en la que está sentada; los átomos de carbono que componen el papel de la foto que sostiene en su mano; el video y la madera del marco que la protege. Y, por supuesto, el diamante de su anillo de compromiso y el oro con el cual tanto este como su anillo de bodas están hechos: esos son reales, también.

Pero ¿y el lazo de amor perfecto, entero y permanente entre dos almas inmortales que se supone que esos anillos significan? Bueno, eso es solo algo sin valor pero que suena bonito. Materia sólida, tangible: eso es lo que es real. La ciencia lo dice.

El interior es su verdadera naturaleza.

AL GHAZALI, MÍSTICO ISLÁMICO DEL SIGLO XI

INTRODUCCIÓN

La raíz de la palabra *realidad* es *res*, del latín «cosa». Las cosas en nuestras vidas, como las llantas del coche, los sartenes, los balones de futbol y los columpios del patio trasero son reales para nosotros porque poseen una consistencia día tras día. Los podemos tocar, podemos sentir su peso con nuestras manos, dejarlos y regresar después y encontrarlos sin cambio, justo donde los dejamos.

Nosotros, por supuesto, también estamos hechos de materia. Nuestros cuerpos están hechos de elementos como hidrógeno —el elemento más temprano y más simple—, y los más complejos como nitrógeno, carbono, hierro y magnesio. Todos estos fueron cocinados —creados— a una presión y un calor inconcebibles, en los corazones de estrellas antiguas que han estado muertas desde hace mucho. Los núcleos de carbono tienen seis protones y seis neutrones. De las ocho posiciones en su coraza exterior donde sus electrones trazan su órbita, cuatro están ocupadas por electrones y cuatro están desocupadas para que electrones de otros átomos o elementos puedan unirse con el átomo de carbono al enlazar sus propios electrones a esas posiciones vacías. Esta asimetría en particular permite que los átomos de carbono se enlacen con otros átomos de carbono, así como con otros tipos de átomos y moléculas, con una eficiencia fantástica. Tanto la química como la bioquímica orgánicas —temas inmensos que hacen ver pequeños a otros subconjuntos de la química— se dedican exclusivamente al estudio de las interacciones químicas que involucran carbono. La estructura química de la vida en la Tierra se basa en el carbono y sus propiedades. Es la *lingua franca* del mundo químico orgánico. Gracias a esta misma simetría, los átomos de carbono, cuando son sometidos a una presión tremenda, se unen con una tenacidad nueva y se transforman de la cosa negra y terrosa que asociamos con ellos al símbolo natural de la durabilidad más poderoso: el diamante.

Pero aunque los átomos de carbono y el puñado de otros elementos que componen la mayoría de nuestro cuerpo son esencialmente inmortales, nuestros cuerpos en sí son extremadamente efímeros. Nacen nuevas células y las viejas mueren. En todo momento nuestros cuerpos están tomando materia del mundo físico que nos rodea y devolviéndosela. Antes de que pase mucho tiempo —el parpadear de un ojo en una escala cósmica— nuestros cuerpos regresarán por completo al ciclo. Se volverán a reunir con el flujo de carbono, hidrógeno, oxígeno y otras sustancias primarias que se acumulan y desintegran, una y otra vez, aquí la Tierra.

Por supuesto que esta percepción no es nada nueva. La palabra *humano* en sí proviene de la misma raíz que *humus*, tierra. También *humilde*, lo cual tiene sentido porque la mejor manera de mantenerse humilde es darse cuenta de qué se está hecho. Mucho antes de que la ciencia viniera para explicar los pequeños detalles de cómo sucede, las culturas de alrededor del mundo sabían que nuestros cuerpos están hechos de tierra y que cuando fallezcamos nuestros cuerpos volverán a ella. Como Dios le dice a Adán —que en sí es un nombre derivado de la palabra hebrea *adamah*, «tierra»— en el Génesis: «Polvo eres, y en polvo te convertirás».

Sin embargo, nosotros los humanos nunca hemos estado completamente contentos con esta situación. Toda la historia de la humanidad puede ser vista como nuestra respuesta ante esta aparente condición terrosa que tenemos y los sentimientos de dolor y de no estar completos que crea. Sospechamos que hay algo más en esta historia.

La ciencia moderna —la más reciente y, por mucho, la más poderosa de nuestras respuestas ante esta inquietud antigua respecto a nuestra mortalidad— se desarrolló en gran parte a partir de una técnica antigua para manipular los químicos llamada alquimia. Los orígenes de la alquimia están perdidos en la historia. Algunos dicen que comenzó en la antigua Grecia. Otros dicen que los primeros alquimistas vivieron mucho antes, quizá en Egipto, y que el nombre en sí se deriva del egipcio *AlKemi* o «tierra negra», presuntamente una referencia a la tierra negra fértil a las orillas del Nilo.

Hubo alquimistas cristianos, alquimistas judíos, alquimistas musulmanes y alquimistas taoístas o confucianistas. Simplemente estaba en todas partes. Donde sea y cuando sea que haya iniciado, la alquimia desarrolló una serie de prácticas fantásticamente complejas y difundidas. La mayoría de estas tenían que ver con convertir metales «base», como cobre y plomo, en oro. Pero la meta principal de la alquimia era recuperar el estado de inmortalidad que los alquimistas creían que la humanidad originalmente poseía, aunque lo había perdido hace mucho.

Muchos de los métodos y herramientas de la química moderna fueron inventados por alquimistas, con frecuencia con gran riesgo. Entrometerse con la materia física puede ser peligroso, y además de envenenarse o ser víctimas de una explosión, los alquimistas corrían el riesgo de meterse en problemas con los poderes religiosos locales. Igual que la ciencia que surgió a partir de ella, la alquimia era, sobre todo en Europa en los años previos a la revolución científica, herejía.

Uno de los descubrimientos principales de los alquimistas mientras realizaban su búsqueda de la inmortalidad fue que cuando se somete un químico o un elemento a lo que los alquimistas llaman un proceso «de transmutación» —si lo calienta, digamos, o lo combina con algún otro elemento con el cual sea reactivo— se convertirá en algo distinto. Igual que tantos otros regalos del pasado, esta sabiduría ahora nos suena obvia, pero esto es solo porque no hicimos el trabajo para descubrirlo de inicio.

La primera época fue dorada.

OVIDIO, *LA METAMORFÓSIS*

¿Por qué los alquimistas estaban tan interesados en el oro? Una razón es obvia. Los alquimistas inferiores

—aquellos que no entendían el elemento espiritual más profundo, subyacente, que entra en juego— simplemente estaban tratando de volverse ricos. Pero los verdaderos alquimistas estaban interesados en el oro por otra razón.

El oro, al igual que el carbono, es un elemento inusual. El núcleo del átomo de oro es muy grande. Con setenta y nueve protones, solo otros cuatro elementos estables son más pesados. Esta gran carga eléctrica positiva hace que los electrones que dan vueltas alrededor del núcleo del átomo de oro se muevan a una velocidad excepcional: aproximadamente a la mitad de la velocidad de la luz. Si un fotón viene a la Tierra desde el Sol, el cuerpo celeste más asociado con el oro en los textos de alquimia, y rebota contra un átomo de oro, y ese fotón luego entra por casualidad a uno de nuestros ojos y golpea la pared retiniana, el mensaje que esto envía al cerebro crea una sensación curiosamente placentera en nuestra conciencia. Los humanos reaccionamos fuertemente ante el oro y siempre lo hemos hecho.

El oro impulsa mucha de la actividad económica en nuestro planeta. Es hermoso y es relativamente raro; sin embargo, no tiene gran valor utilitario; en todo caso, no tiene para nada el que le hemos puesto. Como especie hemos *decidido* que tiene valor; eso es todo. Es por eso que los alquimistas, tanto a través de sus experimentos materiales como de sus prácticas interiores de meditación que con frecuencia acompañaban esos experimentos, lo buscaban tan desesperadamente. El oro para ellos era la representación solidificada y tangible de la parte celestial del ser humano, el alma inmortal. Buscaban recuperar ese otro lado del ser humano: el lado dorado que se une con el lado terroso para convertirnos en las personas que somos.

Somos una parte tierra y una parte cielo, y los alquimistas lo sabían.

Nosotros necesitamos saberlo también.

Nos han enseñado que las cualidades, como la «belleza» del oro, e incluso su propio color, no son reales. Incluso nos han enseñado que las emociones son menos reales y solo son patrones repetitivos, generados por nuestros cerebros, en respuesta a mensajes hormonales enviados por nuestro cuerpo como respuesta ante situaciones de peligro o deseo.

Amor. Belleza. Bondad. Amistad. Dentro de la manera de ver el mundo de la ciencia materialista, no hay espacio para tratar estas cosas como si fueran realidades. Cuando creemos esto, justo como al creer cuando nos dicen que el significado no es real, perdemos nuestra conexión con el cielo, lo que los escritores en el mundo antiguo a veces llamaban el «hilo dorado».

Nos volvemos débiles.

El amor, la belleza, la bondad y la amistad son reales. Son tan reales como la lluvia. Son tan reales como la mantequilla, como la madera o la piedra o el plutonio o los anillos de Saturno o el nitrato de sodio. En el nivel de existencia terrenal, es fácil perder esto de vista.

Pero lo que se pierde se puede recuperar.

INTRODUCCIÓN

> *Los pueblos iletrados ignoran muchas cosas, pero rara vez son estúpidos porque, al tener que depender de su memoria, son más propensos a recordar lo que es importante. Los pueblos letrados, en contraste, son dados a perderse en sus vastas bibliotecas de información registrada.*[1]
>
> HUSTON SMITH, INVESTIGADOR SOBRE LA RELIGIÓN

Los seres humanos hemos existido en nuestra forma moderna desde hace unos cien mil años. Tres preguntas han sido intensamente importantes para nosotros durante la mayor parte de este tiempo:

¿Quiénes somos?
¿De dónde venimos?
¿Hacia dónde vamos?

Durante la gran mayoría de nuestro tiempo sobre este planeta, los seres humanos ni por un momento hemos dudado que el mundo espiritual fuera real. Creíamos que era el lugar del cual cada uno de nosotros provino cuando nació y que era el lugar al cual regresaríamos cuando muriéramos.

Muchos científicos hoy piensan que estamos justo a punto de saber prácticamente todo lo que hay por saber en relación con el universo. Ciertos científicos de ese grupo hoy hablan mucho acerca de una «Teoría del Todo», que explicará hasta el último dato sobre el

---

1. Smith, *Como están las cosas*, 79.

universo que actualmente poseemos; una teoría que, tal y como su nombre da a entender, lo explicará todo.

Pero hay algo bastante curioso acerca de esta teoría. No incluye la respuesta de tan siquiera una de esas tres preguntas de la lista de arriba: las preguntas que, durante el 99.9 por ciento de nuestro tiempo en la Tierra, fueron las más importantes de responder. Esta Teoría del Todo no hace mención alguna del cielo.

La palabra *cielo* originalmente significaba simplemente la atmósfera que rodea la Tierra. Es a esto a lo que se refiere "cielo" en el Nuevo Testamento. La palabra cielo proviene de la misma raíz que la palabra en inglés *ceiling* o techo. Aunque ahora sabemos que el cielo, entendido como paraíso, no está *literalmente* arriba, muchos de nosotros todavía tenemos la sensación de que hay una dimensión o unas dimensiones que están "sobre" el mundo terrenal en el sentido de que están "más arriba" en un sentido espiritual. Cuando uso «cielo» en este libro y me refiero a que está «sobre» nosotros, lo hago bajo el entendido que hoy nadie piensa que el cielo simplemente está allá arriba, ni que se trata solamente de un lugar de nubes y luz de sol eterna que la palabra ha llegado a evocar. Estoy hablando en términos de otro tipo de geografía: una que es muy real, pero también muy diferente a la terrenal con la que estamos familiarizados, y en comparación con la cual la dimensión física observable entera es como un grano de arena en la playa.

Hoy existe otro grupo —un grupo que también incluye a muchos científicos— que también cree que en realidad podríamos estar a punto de descubrir una Teoría del Todo. Pero la Teoría del Todo sobre la cual habla este grupo es bastante diferente a la que la ciencia materialista cree estar a punto de descubrir.

Esta otra teoría será diferente a la primera en dos sentidos relevantes. El primero es que planteará que realmente nunca podremos tener una Teoría del Todo, si es que por eso queremos decir una teoría agresiva, materialista, orientada hacia los datos. La segunda diferencia es que, en esta otra Teoría del Todo, las tres preguntas primordiales, originales y tan importantes acerca de la condición humana se abordarán. En ella se incluirá el cielo.

> *Considero la conciencia como algo fundamental. Considero la materia como un derivado de la conciencia. No podemos ponernos detrás de la conciencia. Todo aquello de lo que hablamos, todo lo que consideramos que existe, postula la conciencia.*
>
> MAX PLANCK (1858-1947), FÍSICO CUÁNTICO

En el siglo XX, tras tres siglos fantásticamente exitosos, la ciencia —en especial la rama de la ciencia conocida como física— recibió una sorpresa. En el fondo, en el meollo del asunto, encontró algo que no podía explicar. Resultó ser que la «materia», esa cosa que la ciencia creyó entender tan bien, no era en absoluto lo que la ciencia había creído que era. Los átomos —esos pequeños objetos irrompibles y sólidos como roca que la ciencia había pensado que eran los máximos componentes del mundo— resultaron no ser tan sólidos ni tan irrompibles después de todo. La materia resultó ser una matriz deslumbrantemente compleja de fuerzas superpoderosas pero no materiales. No había nada de material en esto.

Se puso incluso más raro. Si existía algo que la ciencia creía conocer tanto como la materia, era el espacio: el área en la cual la materia se movía, simple y sencillamente. Pero resultó que el espacio tampoco estaba realmente «ahí». Al menos no en la manera sencilla, directa y fácil de entender en la que los científicos habían pensado que estaba. Se doblaba. Se estiraba. Estaba inextricablemente relacionada con el tiempo. Era todo menos simple.

Luego, por si eso no fuera suficiente, entró en juego otro factor: uno que la ciencia había conocido desde hacía mucho, pero en el cual hasta entonces no había mostrado interés. De hecho, la ciencia apenas había acuñado una palabra para este fenómeno en el siglo XVII, a pesar de que todos los pueblos precientíficos del mundo lo colocaron en el centro de su visión de la realidad y tenían docenas de palabras para él. Este nuevo factor era la conciencia —ese hecho simple, pero supremamente no simple, de estar consciente— de conocerse a uno mismo y al mundo que lo rodea.

Nadie dentro de la comunidad científica tenía ni la más remota idea de lo que era la conciencia, pero esto antes no había sido un problema. Los científicos simplemente la dejaban de lado porque, decían, al ser imposible de medir, la conciencia no era real. Pero en los años 20, los experimentos de mecánica cuántica no solo revelaron que sí se podía detectar la conciencia, sino que además, a nivel subatómico, no había manera de no hacerlo, porque la conciencia del observador de hecho ataba a este a todo lo que él o ella observara. Era una parte irremovible de cualquier experimento científico.

Esa fue una revelación asombrosa, a pesar de que la mayoría de los científicos eligió, en términos generales, ignorarla. Ante el desagrado de los muchos científicos que creían estar a punto de explicar todo en el universo desde una perspectiva completamente materialista, la conciencia ahora se movió directamente al centro del escenario y se negó a ser empujada a un lado. Conforme avanzaron los años y la experimentación científica a nivel subatómico —un dominio conocido, en general, como mecánica cuántica— se volvió cada vez más sofisticada, el papel clave que desempeñó la conciencia en cada experimento se volvió cada vez más claro, aunque siguiera siendo imposible de explicar. Como escribió el físicoteórico húngaroestadounidense Eugene Wigner: «No era posible formular las leyes de la mecánica cuántica en una forma plenamente coherente sin hacer referencia a la conciencia». El físico matemático español Ernst Pascual Jordan expresó el asunto incluso más enérgicamente: «Las observaciones —escribió— no solo afectan lo que se va a medir, sino que lo producen». Esto no necesariamente significa que creamos realidad con nuestras imaginaciones; pero sí significa que la conciencia está tan atada a la realidad que no hay manera de concebir la realidad sin ella. La conciencia es el verdadero fundamento de la existencia.

La comunidad de la física todavía tiene que interpretar lo que los resultados de los experimentos en mecánica cuántica revelan respecto al funcionamiento del universo. Los brillantes padres fundadores de este campo, incluyendo a Werner Heisenberg, Louis de Broglie, sir James Jeans, Erwin Schrodinger, Wolfgang Pauli y Max Planck fueron llevados hasta el misticismo debido a sus esfuerzos por comprender plenamente los resultados de sus experimentos respecto al funcionamiento del mundo subatómico. De acuerdo con el «problema de medición», la conciencia juega un papel crucial en determinar la naturaleza de la realidad que evoluciona. No hay manera de separar al observador del observado. La realidad representada por experimentos en mecánica cuántica es completamente contraria a lo que uno pudiera esperarse con base en nuestras vidas diarias en el ámbito terrenal. Para un entendimiento y una interpretación de mayor profundidad se requerirá una completa relaboración de nuestros conceptos de conciencia, causalidad, espacio y tiempo. De hecho, será necesario un fortalecimiento de la física que acepte plenamente la realidad de la conciencia (alma o espíritu) como la base de *todo lo que hay* para trascender el profundo enigma que está en el centro de la física cuántica.

Sostengo que el misterio humano es increíblemente menospreciado por el reduccionismo científico, con su declaración

> *de materialismo promisorio de finalmente explicar todo el mundo espiritual en términos de patrones de actividad neuronal. Esta creencia debe clasificarse como una superstición… debemos reconocer que somos seres espirituales con almas que existen en un mundo espiritual, así como seres materiales con cuerpos y cerebros que existen en un mundo material.*
>
> SIR JHON C. ECCLES (1903-1997), NEUROFISIOLÓGICO

Ninguna descripción de la naturaleza de la realidad puede comenzar siquiera antes de que tengamos una visión mucho más clara de la verdadera naturaleza de la conciencia y de su relación con la realidad emergente en el plano físico. Podríamos lograr mayor progreso si aquellos que tienen una formación física también se lanzaran directamente al estudio de lo que algunos científicos han llamado el «difícil problema de la conciencia». La esencia de ese difícil problema es que la neurociencia moderna da por hecho que el cerebro crea conciencia a partir de su simple complejidad. Sin embargo, no hay absolutamente ninguna explicación que dé a conocer mecanismo alguno por medio del cual esto ocurra. De hecho, mientras más investigaciones hacemos sobre el cerebro, más cuenta nos damos de que la conciencia existe independientemente de él. Roger Penrose, Henry Stapp, Amit Goswami y Brian Josephson son ejemplos notables de físicos que han buscado una incorporación de la conciencia a los modelos de la física, pero la mayoría de la comunidad de la física sigue haciendo caso omiso de los niveles más esotéricos de indagación que se requieren.

El día en que la ciencia comience a estudiar fenómenos no físicos, logrará más progreso en una década que en todos sus siglos previos de existencia.

NIKOLA TESLA (1856-1943)

La nueva teoría —el nuevo "Mapa de Todo" del cual estoy tan a favor— incluirá todos los descubrimientos revolucionarios que la ciencia ha hecho en el siglo pasado, especialmente los nuevos descubrimientos sobre la naturaleza de la materia y el espacio, y los descubrimientos revolucionarios sobre la centralidad de la conciencia que causó tanto caos para la ciencia materialista al inicio del siglo XX. Abordará descubrimientos como aquel del físico Werner Heisenberg en el que las partículas subatómicas jamás están realmente en un mismo lugar, sino que ocupan un estado constante de probabilidad estadística; así que podrían estar aquí o podrían estar allá, pero nunca pueden estar totalmente clavadas en un único punto sobre el cual no haya duda alguna. O que un fotón —unidad de luz— se presenta como una ola si lo medimos de una manera y como una partícula si lo medimos de otra manera, *a pesar de que sigue siendo exactamente el mismo fotón*. O descubrimientos como el de Erwin Schrodinger de que el resultado de ciertos experimentos subatómicos será determinado por la conciencia del observador que los registre, de manera tal que realmente pueda «revertir» el tiempo, para que una reacción atómica detonada dentro de una caja que hubiera sido sellada tres días atrás, de hecho, no se completara hasta que la caja se abriera y los resultados de la acción fueran notados por un observador consciente. La reacción atómica se mantiene en un estado suspendido en el que al mismo tiempo sucede y no sucede hasta que la conciencia entra en juego y la afianza a la realidad.

Este nuevo Mapa de Todo también incluirá las vastas cantidades de datos que están surgiendo desde un campo de investigación completamente separado, al cual la ciencia materialista le puso incluso menos atención en el pasado que a la conciencia, y que la visión dogmática también decididamente ignoró: las experiencias cercanas a la muerte. Las visiones en el lecho de muerte. Los momentos de contacto aparente con seres amados fallecidos. Todo el mundo habla de encuentros extraños, pero totalmente reales con el mundo espiritual, que las personas experimentan todo el tiempo, pero sobre los cuales ni la ciencia dogmática ni la religión dogmática nos han permitido hablar. El tipo de sucesos sobre los cuales la gente me platica todo el tiempo.

Estimado doctor Alexander:
Me encantó leer acerca de su experiencia. Me recordó la experiencia cercana a la muerte que tuvo mi padre cuatro años antes de fallecer. Mi papá tenía un doctorado en astrofísica y tenía un «pensamiento científico» absoluto, al 100%, antes de su experiencia cercana a la muerte.
Estaba en muy mal estado y bajo cuidado intensivo.

Había andado por un camino emocionalmente difícil en la vida y había caído presa del alcoholismo, hasta que muchos de sus órganos corporales fallaron y contrajo pulmonía doble. Estuvo en cuidados intensivos por tres meses. En este tiempo, pasó un rato en estado de coma inducido. Cuando empezó a recuperarse, comenzó a relatar su experiencia de estar con seres angelicales que le estaban comunicando que no se preocupara y que todo iba a estar bien. Le dijeron que mejoraría y seguiría adelante con su vida. Le dijeron que lo estaban ayudando y que él ya no temía morir. Él acostumbraba decirme, después de que se recuperó, que no me preocupara cuando se muriera y que supiera que él estaría bien.

... [Él] cambió enormemente tras su experiencia. Ya no bebía, pero... hablar acerca de ello fue demasiado para él... era un hombre muy reservado... Murió por una ruptura de aorta repentinamente en su casa mientras dormía, cuatro años después de su estancia en el hospital. Nos seguíamos encontrando recados escritos en post-its *por toda su casa después de que murió: «AgTf». Al final, dedujimos que esto significaba «Ángeles de la guarda. Tengan fe». Quizá esto lo había ayudado con su abstinencia. Quizá lo ayudó a recordar el consuelo que había sentido al estar fuera de su cuerpo.*

Poco antes de que muriera, recuerdo que le pregunté qué pensaba que sucede cuando nos morimos. Dijo que realmente no lo sabía, y que era simplemente algo que nosotros, como humanos, todavía no habíamos averiguado, pero que lo haremos. Supongo que había experimentado este lugar donde se unen la ciencia y la espirituali-

dad. Fue un verdadero consuelo leer sobre su experiencia y también me reafirmó la experiencia de mi papá.
Muchas gracias,
Pascale

¿Por qué la gente me cuenta historias como esta? La respuesta es sencilla. Soy un doctor que tuvo una experiencia cercana a la muerte —un miembro sólido del lado de la habitación reservado para la «ciencia dogmática» que tuvo una experiencia que lo mandó hacia el otro lado. No hacia el lado de la «religión dogmática», sino hacia un tercer lado de la habitación, por así decirlo: un lado que cree que tanto la ciencia como la religión tienen cosas que enseñarnos, pero que ninguna tiene —ni jamás tendrá— todas las respuestas. Este lado de la habitación cree que estamos al filo de algo auténticamente nuevo: una unión de la espiritualidad y la ciencia que cambiará para siempre la forma en que nos entendemos y nos experimentamos a nosotros mismos.

En *La prueba del cielo* describí cómo la llegada repentina de una cepa muy inusual de meningitis bacteriana me llevó al hospital y me puso en estado de coma profundo, durante siete días. Durante ese tiempo, atravesé una experiencia que todavía estoy en proceso de absorber y comprender. Recorrí una serie de ámbitos suprafísicos, cada uno más extraordinario que el anterior.

En el primero, que llamaré el Reino de la perspectiva del gusano, estuve inmerso en un estado de conciencia primitivo y primordial. Durante el tiempo que estuve en él, me sentí más o menos como si estuviera enterrado en la tierra. Sin embargo, no era tierra común, pues a mi alrededor percibía —y a veces escuchaba y veía— otras formas, otras entidades. En parte era espeluznante, en parte era reconfortante (me sentía como si fuera, y siempre hubiera sido, parte de esta oscuridad primitiva). Con frecuencia me preguntan: «¿Esto era el infierno?». Yo esperaría que el infierno fuera cuando menos un poco interactivo y esto no lo era en absoluto. Aunque no me acordaba de la tierra, y ni siquiera de lo que era un humano, al menos tenía un sentido de la curiosidad. Me preguntaba «¿Quién? ¿Qué? ¿Dónde?» y nunca hubo ni un ápice de respuesta.

Finalmente, un ser de luz —una entidad circular que despedía una música hermosa y celestial que yo llamé la Melodía Giratoria— lentamente descendió desde arriba, mientras lanzaba maravillosos filamentos de luz viviente plateada y dorada. La luz se abría como una rasgadura en la tela de ese ámbito áspero, y sentí como si yo atravesara la rasgadura, como si fuera un portal, para subir a un valle asombrosamente hermoso de vegetación abundante y fértil, donde cascadas fluían hasta estanques cristalinos. Me percibí a mí mismo como un pequeño punto de conciencia sobre el ala de una mariposa entre enjambres pulsantes de millones de otras mariposas. Presencié deslumbrantes cielos aterciopelados en color negro azulado repletos de esferas de luz dorada que bajaban en picada, los cuales después llamé coros angelicales, que dejaban rastros brillantes frente a las nubes infladas y coloridas. Estos coros producían himnos que rebasaban cualquier cosa que yo jamás me hubiera encontrado en la Tierra. También había una amplia gama de universos más grandes que tomaban la forma de lo que posteriormente llamé una «sobresfera», que estaba ahí para ayudar a impartir las lecciones que yo debía aprender. Los coros angelicales proporcionaron otro portal a ámbitos más elevados. Ascendí hasta llegar al Núcleo, el más profundo sanctum sanctorum del Divino, una negra oscuridad infinita, repleta hasta desbordarse de tanto amor incondicional divino indescriptible. Ahí me encontré con la deidad infinitamente poderosa y omnisciente a quien después llamé Om, por el sonido que percibí tan prominentemente en ese ámbito. Aprendí lecciones de una profundidad y una belleza que rebasan por completo mi capacidad de explicación. A lo largo del tiempo que pasé en el Núcleo siempre tuve la fuerte sensación de que había tres de nosotros (el Divino infinito, la esfera brillante y la percepción consciente pura).

Durante esta travesía, tuve una guía. Era una mujer extraordinariamente hermosa quien se apareció por primera vez mientras yo iba como pequeño punto de conciencia en el ala de esta mariposa en el Ámbito del Portal. Nunca había visto a esta mujer antes. No sabía quién era. Sin embargo, su presencia era suficiente para sanar mi corazón, para volverme entero en una forma que yo nunca había sabido que era posible. Sin hablar, en realidad, me hizo saber que yo era amado y querido en forma inmensurable y que el universo era un lugar más vasto, mejor y más bello de lo que jamás pude haber soñado. Yo era una parte irremplazable del todo (al igual que todos nosotros), y toda la tristeza y el miedo que yo había conocido en el pasado eran el resultado que de alguna manera se me había olvidado este hecho que es el más fundamental que hay.

Estimado doctor Alexander:
Hace 34 años tuve una experiencia cercana a la muerte, pero no era yo quien se estaba muriendo. Era mi madre. Le estaban dando tratamiento para cáncer en el hospital y los doctores nos dijeron que le quedaban, cuando mucho, seis meses de vida. Era sábado y yo tenía programado volar desde Ohio hasta Nueva Jersey el lunes. Estaba en mi jardín, cuando de repente un sentimiento me atravesó. Era avasallador. Era un sentimiento de una increíble cantidad de amor. Fue el mejor «momento de embriaguez» que usted se pudiera llegar a imaginar. Me paré y me pregunté: «¿Qué demonios fue eso?». Luego volvió a atravesarme. Ocurrió tres veces en total. Sabía que mi madre había fallecido. La sensación era como si me estuviera abrazando, pero atravesándome por completo. Y cada vez que lo hacía, yo sentía esta cantidad sobrenatural, increíble e inmensurable de amor.
Entré a mi casa, todavía confundida por lo que había ocurrido. Me senté junto al teléfono para esperar la lla-

mada de mi hermana. Después de diez minutos sonó el teléfono. Era ella. «Mamá falleció», dijo.

Incluso 30 años después, no puedo contar esta historia sin llorar, no tanto por tristeza, sino de felicidad. Esos tres momentos en el jardín cambiaron mi vida para siempre. Desde entonces, no le he temido a la muerte. De hecho tengo celos de las personas que han fallecido. (Sé que suena raro pero es verdad).

Cuando esto pasó, no teníamos todos estos programas de televisión y libros acerca de las experiencias cercanas a la muerte. No eran el fenómeno público que hoy son. Así que no tenía idea de qué pensar al respecto. Pero sabía que era real.

Jean Hering

Cuando regresé de mi travesía (un milagro en sí mismo, descrito a detalle en *La prueba del cielo*), en muchas formas era como un niño recién nacido. No tenía recuerdos de mi vida terrenal, pero sabía plenamente dónde había estado. Tuve que volver a aprender quién era, qué era y dónde estaba. Al paso de los días, y luego de semanas, como si fuera nieve que cayera con delicadeza, mi antiguo conocimiento terrenal regresó. Las palabras y el lenguaje volvieron después de horas y días. Con el amor y la suave persuasión de mi familia y mis amigos volvieron otros recuerdos. Regresé a la comunidad humana. A las ocho semanas mi conocimiento previo de la ciencia, incluyendo las experiencias y el aprendizaje de más de dos décadas que pasé como neurocirujano en hospitales didácticos, regresó por completo. Esa plena recuperación sigue siendo un milagro sin ninguna explicación por parte de la medicina moderna.

Pero yo era una persona distinta a la que había sido. Las cosas que había visto y experimentado cuando estuve fuera de mi cuerpo no se disolvieron, como sucede con los sueños y las alucinaciones. Se quedaron. Y mientras más tiempo pasaba, más cuenta me daba de que lo que me había ocurrido en la semana que pasé más allá de mi cuerpo físico había reescrito todo lo que yo creía saber respecto a toda la existencia. Se quedó conmigo la imagen de la mujer en el ala de la mariposa, la cual me obsesionaba, al igual que todas las demás cosas extraordinarias que me encontré en esos mundos del más allá.

Cuatro meses después de salir de mi estado de coma, recibí una foto por correo. Era de mi hermana biológica Betsy, una hermana a la que nunca conocí porque me adoptaron a temprana edad y ella había muerto antes de que yo buscara a mi familia biológica y me reuniera con ella. La foto era de Betsy, pero también de alguien más. Era la mujer que estaba sobre la mariposa.

El momento en que me di cuenta de esto, algo se cristalizó dentro de mí. Era casi como si, desde que regresé, mi mente y mi alma hubieran sido como los contenidos amorfos de una crisálida de mariposa: no podía volver a ser lo que había sido antes, pero tampoco me podía mover hacia adelante. Estaba atorado.

Esa foto —al igual que el choque repentino que sentí al identificarla cuando la miré— era la confirmación que necesitaba. De ahí en adelante, estaba de vuelta en el antiguo mundo terrenal que había dejado atrás antes de caer en mi estado de coma, pero como una persona auténticamente nueva.

Había renacido.

Pero la verdadera travesía apenas estaba comenzando. Hay más que me es revelado cada día: a través de la meditación, a través de mi trabajo con nuevas tecnologías que espero que le faciliten a los demás obtener acceso al ámbito espiritual (ver apéndice) y a través de hablar con personas que conozco durante mis viajes. Muchas, muchas personas han captado un vistazo de lo que yo he captado y experimentado lo que yo he experimentado. A estas personas les encanta compartir sus historias conmigo y me encanta escucharlas. Les parece maravilloso que un miembro que por mucho tiempo perteneciera a la comunidad científica materialista haya cambiado tanto como yo lo he hecho. Y estoy de acuerdo.

Como doctor en medicina, con una larga carrera en instituciones médicas respetables como Duke y Harvard, yo era el escéptico comprensivo perfecto. Yo era aquel tipo que, si usted le contara acerca de su experiencia cercana a la muerte o de la visita que recibió por parte de su tía muerta para avisarle que le estaba yendo bien en todo, lo hubiera mirado y le hubiera dicho, con compasión pero tajantemente, que era una fantasía.

Incontables personas han estado teniendo experiencias como estas. Las conozco a diario. No solo durante las pláticas que doy, sino que están paradas atrás de mí en la fila de Starbucks y sentadas junto a mí en aviones. Me he convertido, gracias a la difusión que alcanzó *La prueba del cielo*, en alguien a quien las personas sienten que le pueden hablar respecto a este tipo de cosas. Cuando lo hacen, siempre me sorprendo ante la asombrosa unidad y coherencia de lo que dicen. Estoy descubriendo más y más similitudes entre lo que estas personas me dicen y lo que creían los pueblos del pasado. Estoy descubriendo lo que los antiguos sabían bien: el cielo nos hace humanos. Nos olvidamos de él bajo nuestro propio riesgo. Sin conocer la geografía más amplia de dónde venimos y a dónde iremos de nuevo cuando nuestros cuerpos físicos se mueran, estamos perdidos. Ese «hilo dorado» es la conexión con lo que hay arriba que hace que la vida aquí abajo no solo sea tolerable sino jubilosa. Estamos perdidos sin él.

Mi historia es una pieza del rompecabezas, una pista más por parte del universo y del dios amoroso que trabaja en él, que indica que la época de la ciencia autoritaria y la religión autoritaria se han acabado y que al fin va a darse una nueva unión de las mejores y más profundas partes de las sensibilidades científicas y espirituales.

En este libro, comparto lo que he aprendido gracias a otros —filósofos y místicos antiguos, científicos modernos y mucha mucha gente común como yo— respecto a lo que llamo el Regalo del Cielo. Estos regalos son los beneficios que llegan cuando nos abrimos ante la verdad más grande que nuestros antepasados supieron: hay un mundo más grande detrás del que vemos a nuestro alrededor cada día. Ese mundo más grande nos ama más de lo que posiblemente pudiéramos imaginar y nos vigila a cada momento, con la esperanza de que en el mundo que nos rodea veamos pistas de que existe.

> *Por solo unos cuantos segundos, supongo, el compartimento entero se llenó de luz. Esta es la única forma que conozco para describir el momento, pues no había absolutamente nada para ver. Me sentí envuelto en un sentido tremendo de ser, dentro de un propósito amoroso, triunfal y luminoso. Nunca me había sentido más humilde. Nunca me había sentido más glorificado. Una sensación de lo más curiosa pero avasalladora me atrapó y me llenó de éxtasis. Sentí que todo estaba bien para la humanidad. ¡Qué pobres suenan las palabras! La palabra «bien» es tan pobre. Todos los hombres eran seres luminosos y gloriosos que al final entrarían en júbilo increíble. Belleza, música, júbilo y amor sin medida, así como gloria innombrable, todo esto heredarían. De todo esto eran herederos.*
>
> *Todo esto sucedió hace más de cincuenta años, pero incluso ahora me puedo visualizar en la esquina de este compartimento lóbrego de tercera clase con las tenues luces de mantos de gas invertidos encima... En unos cuantos momentos la gloria partió, excepto por una sensación curiosa y perdurable. Amé a todos los que estaban en este compartimento. Ahora suena tonto, y de hecho me ruborizo al escribirlo, pero en ese momento creo que hubiera muerto por cualquiera de las personas que estaban ahí.*[2]

---

2. Centro de Investigación Sobre Experiencias Religiosas (RERC, por sus siglas en inglés), número de cuenta 000385, citado en Hardy, *La naturaleza espiritual del hombre*, 53.

Toda mi vida ha sido una búsqueda por pertenecer. Al crecer como hijo de un neurocirujano altamente respetado, constantemente estuve consciente de la admiración que rayaba en veneración que las personas sienten por los cirujanos. La gente alababa a mi papá. No es que él la animara a hacerlo. Era un hombre humilde con una fuerte fe cristiana y le daba tanto peso a su responsabilidad como sanador como para jamás darse el lujo de autoengrandecerse. Yo me maravillaba ante su humildad y su profundo sentido de vocación. No había nada que yo quisiera más que parecerme a él, estar a su nivel, convertirme en un miembro de la hermandad médica que, ante mis ojos, poseía un atractivo sagrado.

Tras años de trabajo duro, me gané un puesto arraigado en esa hermandad secular de cirujanos y cirujanas. Sin embargo, la fe espiritual que le había llegado tan fácil y naturalmente a mi padre me evadía. Al igual que muchos otros cirujanos en el mundo moderno, yo era un maestro en cuanto al lado físico del ser humano y un completo inocente respecto al lado espiritual. Simplemente no creía que existiera.

Luego en 2008 llegó mi experiencia cercana a la muerte. Lo que me pasó es una ilustración de lo que nos está sucediendo como cultura en general, al igual que cada historia individual que he escuchado por parte de las personas que he conocido. Cada uno de nosotros posee un recuerdo del cielo, enterrado profundamente dentro de nosotros. Sacar ese recuerdo a la superficie —ayudarle a encontrar su propio mapa hasta ese lugar muy real— es el propósito de este libro.

CAPÍTULO I
El regalo del conocimiento

Cada hombre nace como aristoteliano o platonista.[3]

SAMUEL TAYLOR COLERIDGE (1772-1834), POETA

Platón y Aristóteles son los dos padres del mundo occidental. Platón (c. 428-348) es el padre de la religión y la filosofía, y Aristóteles (384-322 antes de la era actual) es el padre de la ciencia. Platón fue maestro de Aristóteles, pero Aristóteles acabó por estar en desacuerdo con mucho de lo que Platón decía. Específicamente, Aristóteles cuestionaba la aseveración de Platón de que existe un mundo espiritual más allá del terrenal: un mundo infinitamente más real, sobre el cual se basa todo lo que experimentamos en este mundo.

Platón hizo más que solo creer en ese mundo más grande. Se fue hacia adentro y pudo sentir que estaba ahí dentro de él. Platón era un místico y, al igual que incontables místicos antes y después de él, se

---

3. *Charlas de sobremesa del fallecido Samuel Taylor Coleridge*, registro del 2 de julio, 1830 (1835).

daba cuenta de que su conciencia, su ser interno, estaba íntimamente conectado con un mundo más grande del espíritu. Por usar una analogía moderna, estaba conectado con él. El jugo del cielo fluía hacia adentro de él.

Aristóteles estaba construido de forma diferente. No sentía esa conexión directa con el mundo espiritual viviente como Platón. Para Aristóteles, el mundo de Platón de las formas —las estructuras transterrenales, superfísicas de las cuales Platón sentía que todos los objetos en nuestro mundo eran simples reflejos tenues— era una fantasía. ¿Dónde estaba la evidencia de estas entidades mágicas y del mundo espiritual al cual Platón decía que pertenecían? Para Aristóteles, al igual que para Platón, el mundo era un lugar profundamente, maravillosamente inteligente. Pero la raíz de esa intligencia y ese orden no residía en algún gran Más Allá. Estaba justo aquí, enfrente de nosotros.

Aunque estaban frecuentemente en desacuerdo, también había mucho en lo que Platón y Aristóteles concordaban. Uno de sus puntos más profundos de consenso era lo que uno podría llamar lo razonable del mundo: el hecho de que la vida puede ser entendida. Tras la palabra moderna *lógica* se encuentra la palabra griega *logos*, un término que hoy conocemos en gran medida por medio del cristianismo —otro término para el ser de Cristo, como lo manifestó la Palabra de Dios—. En la época de Platón y Aristóteles, significaba la inteligencia viviente al actuar en el mundo físico y en la mente humana. Fue el *logos* lo que permitió que los humanos entendieran el orden del mundo, dado que —como lo creían tanto Platón como Aristóteles— podemos entender el mundo porque somos un pedazo de él. La geometría, los números, la lógica, la retórica, la medicina, todas estas disciplinas y las otras que Platón y Aristóteles ayudaron a desarrollar son posibles porque los seres humanos están construidos para comprender el mundo en que viven.

Lo que llamamos aprendizaje solo es un proceso de remembranza.

PLATÓN

Aristóteles fue el primer gran creador de un mapa del orden terrenal. Sus escritos políticos celebran la idea de que los seres humanos no necesitan inspiración transterrenal para descubrir la mejor manera de vivir y gobernar. Lo podemos hacer por nosotros mismos. Las respuestas ante las grandes preguntas, y también ante las más pequeñas, están sobre la Tierra, a la espera de ser descubiertas.

Platón opinaba algo diferente. Entre sus otras distinciones, Platón es el padre de la narrativa occidental de experiencias cercanas a la muerte. En *La República*, Platón cuenta la historia de un soldado armenio llamado Er. Herido en la batalla y erróneamente considerado muerto, Er fue colocado sobre una pira funeraria. Revivido justo antes de que se encendieran las llamas, contó la historia de irse a un ámbito más allá de la Tierra, un lugar hermoso donde las almas eran juzgadas por lo bueno y lo malo que hubieran hecho mientras estuvieron aquí.

Era una historia que a Platón le parecía profundamente significativa. Creía que venimos a Tierra desde este lugar de arriba, el lugar que Er visitó durante su experiencia cercana a la muerte, y que si buscamos muy dentro de nosotros, podemos recuperar recuerdos de nuestra existencia ahí. Estos recuerdos, si creemos en ellos y nos basamos en ellos, pueden crear una orientación sólida. Nos pueden mantener anclados, mientras estemos aquí en la Tierra, a la tierra celestial de arriba desde la cual provenimos. Por usar una maravillosa palabra griega, necesitamos realizar un acto de anamnesis, una palabra que se traduce como «remembranza». La clave para entender este mundo y vivir bien mientras estemos aquí en la Tierra es recordar el lugar de arriba y más allá, del cual realmente vinimos.

Platón vivió en una época en la que se pensaba que la Tierra era un disco plano con Grecia como su centro, y que los cielos giraban a su alrededor de manera ordenada. Hoy vivimos en un universo con una amplitud de 93 mil millones de años luz, 13.7 mil millones de años de antigüedad, en un planeta que gira en torno a una estrella «G2» promedio que mide unas 875 mil millas de ancho, en una galaxia espiral restringida que contiene unas 300 mil millones de estrellas más; un planeta que tiene unos 4.54 mil millones de años de antigüedad, sobre el cual la vida apareció hace 3.8 mil millones de años y al cual las primeras criaturas homínidas llegaron hace alrededor de un millón de años.

Sabemos mucho, mucho más, acerca del universo que Platón o Aristóteles. Sin embargo, desde otra perspectiva, sabemos mucho menos.

Una de las historias más famosas sobre Platón tiene que ver con un grupo de personas en una cueva oscura. Las personas están encadenadas de manera tal que solo pueden ver la pared que tienen enfrente. Hay fuego detrás de ellas, y pueden ver sombras que se mueven en la pared: sombras proyectadas por la luz del fuego sobre formas que sus captores, quienes están parados detrás de ellos, levantan y mueven.

Estas sombras parpadeantes constituyen el mundo entero de este pueblo. Incluso si estas personas fueran desencadenadas y se les permitiera salir hacia la verdadera luz del día, la luz los cegaría de modo tal, —da a entender Platón— que no sabrían cómo interpretar lo que vieron.

Es bastante claro de quién está hablando Platón, en realidad, con esta historia compleja pero sorprendente: De nosotros.

Cualquiera que haya leído a Platón o Aristóteles sabe que sus argumentos distan mucho de ser sencillos y dividirlos a la mitad en esta forma es injusto para su sutileza y complejidad. Pero a la vez la distinción entre estos dos filósofos es muy real y ha tenido un efecto profundo sobre nosotros. Sus ideas tienen un efecto directo sobre cómo experimentamos, usted y yo, el mundo cada día. Platón y Aristóteles nos han convertido en quienes somos. Si usted vive en el mundo moderno, absorbió sus lecciones mucho antes de tener edad suficiente para darse cuenta de que lo estaba haciendo. El hecho es que todos somos metafísicos. Hasta la persona que tenga los pies más puestos en la tierra y sea la menos metafísica del mundo tiene un conjunto amplio de suposiciones metafísicas respecto al mundo que actúan a cada segundo. Nuestra elección no estriba en interesarnos o no por las preguntas filosóficas, sino en cobrar conciencia o no del hecho de que, como seres humanos, no podemos evitar estarlo.

Para entender el mundo del que provenían Platón y Aristóteles —y, por lo tanto, el mundo en el que vivimos hoy— necesitamos saber un poco acerca de las religiones del misterio, que desempeñaron un enorme papel en el antiguo Mediterráneo durante mil años antes de que aparecieran Platón, Aristóteles y los otros creadores del pensamiento moderno. Platón era un iniciado en al menos una de estas religiones, y lo que aprendió en ellas repercutió en todo lo que escribió. La membresía de Aristóteles es más dudosa, pero también estuvo profundamente influido por ellas, como lo demuestran muchos de sus escritos, especialmente en aquellos sobre la tragedia.

Hay mucha discusión sobre cuánto o qué tan poco repercutieron en las actitudes de Jesús y de los primeros cristianos las religiones del misterio. El rito del bautismo se comparte con los misterios, al igual que el concepto de un dios (o diosa) que muere y vuelve a la vida, y al hacerlo redime el mundo. Los misterios, al igual que el cristianismo, pusieron gran énfasis en la iniciación: la transformación de sus miembros como seres de la tierra en seres de la tierra y del cielo estrellado.

Estos tipos de ritos existieron en todos lados en el pasado, no solo en Grecia. Fueron parte central de lo que significaba ser humano. Lo más frecuente era que ocurrieran alrededor de la adolescencia, cuando un joven o una joven alcanzaba la madurez física, y después, cuando un individuo se adentraba en la profesión o el gremio que luego ocuparía y definiría buena parte su vida a partir de ese momento. Todos ellos tenían una meta principal: volver a despertar nuestra memoria espiritual de quiénes y qué somos, de dónde venimos y para dónde vamos.

En las religiones del misterio, como en la mayoría de las iniciaciones antiguas, la persona que estaba siendo iniciada fallecía como la persona terrenal que él o ella hubiera sido, y renacía como una persona nueva y espiritual. No en un sentido vago y teórico, sino de verdad. El concepto central de los misterios, como en el caso de la mayoría de las prácticas de iniciación antiguas, era que los humanos tenemos una herencia doble: una terrenal y una celestial. Conocer solo nuestra herencia terrenal es conocer solo la mitad de nosotros. Las iniciaciones del misterio permitían que la gente recuperara conocimiento directo de lo que podríamos llamar su linaje «celestial». En cierto sentido, el iniciado o la iniciada realmente no se convertía en algo nuevo, sino que le recordaban, de manera poderosa e inmediata, quién o qué era lo que había sido antes de venir a la Tierra, qué era lo que realmente había sido desde siempre.

Los misterios eleusinos, llamados así en honor de la ciudad griega de Eleusis, donde se llevaban a cabo, fueron los más renombrados de esos ritos. Estaban basados en el mito de Perséfone, una chica que había sido secuestrada por Hades, el dios del inframundo, quien la había llevado hacia su reino. La madre de Perséfone, Deméter, tenía el corazón tan roto por haberla perdido que finalmente hizo un trato con Hades para que Perséfone pasara la mitad del año en el inframundo y la otra mitad del año sobre la superficie de la tierra. Esta mitad que Perséfone pasaba abajo, en el inframundo, era el invierno. Por consecuencia, la vida en los ríos y los campos se iba junto con ella en el otoño y luego regresaba en primavera, al surgir explosivamente en forma de una nueva vida de plantas y animales.

Perséfone se relaciona con una diosa mucho más antigua llamada Inanna, venerada por los sumerios, un pueblo que vivió varios miles de años antes que los griegos, en la Media Luna Fértil, el área donde luego surgirían los israelitas. Inanna era la Reina del Cielo y el mito central que los sumerios contaban respecto a ella tenía que ver con su descenso a la tierra de los muertos. El mito nos cuenta que en su camino hacia abajo pasó por siete niveles del inframundo, y que se retiró una prenda o adorno en cada nivel hasta que quedó parada, desnuda, ante el Señor de la Muerte

—quien además resultó ser su hermana. Inanna fue asesinada y colgada contra la pared con un gancho. Pero, de manera muy similar a Perséfone, revivió y regresó a la tierra. Su triunfo, sin embargo, no se completó, porque los sumerios veían a la muerte no sólo como un enemigo, sino como un enemigo esencialmente imposible de conquistar.

Aunque se crearon parcialmente en torno a estos mitos antiguos, los misterios cuentan una historia con un final distinto. De manera bastante difícil de creer, dado que duraron más de mil años, todavía no sabemos exactamente qué pasó en los misterios. Sí sabemos que podían ser intensamente dramáticos y que a veces culminaban cuando al iniciado se le mostraba un objeto: a veces algo tan mundano como una hoja de trigo. El iniciado recibía preparación para este momento por medio de un preámbulo dramático, lento y constante que podría incluir música rítmica, baile y, durante las últimas secciones del rito, ser trasladado con los ojos vendados hasta un santuario interno donde se le revelaban los máximos secretos. Gracias a esta preparación cuidadosamente orquestada, esta visión climática no solo tenía un profundo significado simbólico para el iniciado, sino también un significado psíquico y emocional real. El iniciado o la iniciada veía el objeto simbólico que le era revelado como algo más que un simple objeto terrenal. Lo consideraba una verdadera ventana viviente hacia el mundo del más allá. Si una hoja de trigo era alzada ante el iniciado, por ejemplo, no era solo un símboloz del hecho de que las cosechas se mueren y regresan cada año, sino una demostración real de la verdad central de la cual se trataban todos los misterios: la muerte es seguida por el renacimiento. Al mirarla, en su estado agudizado por la expectación, el iniciado o la iniciada la veían como un emblema deslumbrante que confirmaba que él o ella ahora también había recibido la iniciación necesaria para adentrarse en la vida eterna. No nos morimos al momento de la muerte.

Se decía que una persona que hubiera sido iniciada en los misterios era como un recién nacido, por lo cual los iniciados con frecuencia eran descritos como «nacidos dos veces». Habían visto una realidad que era *más real* que la realidad en la tierra, y eso creaba en ellos una certeza inquebrantable de que la vida humana continuaba más allá de la muerte. Esta certeza era tan profunda que, de ahí en adelante, sin importar qué alegría o tristeza le trajera la vida, había una parte del iniciado que simplemente *nunca* estaba triste. No podía estarlo, porque el iniciado había recuperado a través de experiencia directa el conocimiento de quiénes somos, de dónde venimos y a dónde vamos. De ahí en adelante, el iniciado era un ciudadano doble: uno que incluso al estar todavía en este mundo ya tenía un pie en el glorioso más allá lleno de luz.

Quizá usted esté empezando a encontrar un indicio de la otra razón por la cual estoy trayendo esas antiguas ideas a este libro. Si usted leyó *La prueba del cielo*, probablemente ya notó algunos ecos conocidos de mi historia en esos mitos previamente mencionados. ¿Por qué las similitudes? ¿Qué significan? Creo que estamos anhelando las verdades que los misterios y otras tradiciones de iniciación le enseñaron a la gente en el mundo antiguo y que el cristianismo, en sus inicios, también enseñó (un hecho que creo que tanto los cristianos como los no cristianos pueden valorar, porque estas verdades trascienden todos los dogmas y las diferencias que tanto dividen al mundo en la actualidad). Creo que el cielo nos hace humanos, que sinsaber que ahí es de dónde venimos y a dónde vamos —que es nuestro verdadero país— la vida no tiene sentido. Y creo que las experiencias que tantas personas han compartido conmigo nos recuerdan que necesitamos conocer esas verdades exactamente en la misma medida hoy que en el pasado.

Estimado doctor Alexander:
… La cosa específica que me perturba es su "Reino de la perspectiva del gusano" que me parece aterrorizante. No puedo dejar de preguntarme por qué usted experimentó esto y si ha encontrado a otros que también lo hayan hecho. No estoy logrando integrar eso a mi «visión del mundo». Espero que usted lo aborde en una publicación futura.

He decidido capacitarme para trabajar como voluntario en un hospicio para, además de quizá proporcionar un poco de consuelo a personas que se estén muriendo, poder aprender más acerca de lo que podríamos llamar ese horizonte de sucesos.

Muerte: Es la aventura más grande. Es sorprendente

que en la civilización occidental la neguemos al grado en que lo hacemos. Quizá eso podría explicar en buena medida nuestra disfunción como sociedad.

Los griegos antiguos amaban la vida. La *Ilíada* y la *Odisea* al mismo tiempo vibran con las alegrías y los dolores de la existencia física. Pero los griegos de la época de Homero, unos 500 años antes de Platón y Aristóteles, no creían en el cielo. Cuando pensaban en la vida después de la vida, pensaban en un mundo espectral de fantasmas: un lugar mucho peor y mucho menor que este mundo. Es mejor ser un esclavo en este mundo, dice el personaje de Aquiles en la *Odisea* de Homero, que un rey en el más allá.

Muchos pueblos antiguos pensaron de esta forma en la vida después de la vida, y parece que ritos como los misterios evolucionaron como respuesta ante este temor humano universal que el más allá fuera triste y nebuloso. La muerte siempre ha sido aterrorizante, y los pueblos antiguos sabían esto incluso mejor que la mayoría de nosotros hoy en día, ya que cada día veían la muerte de cerca. Las tradiciones de los misterios son un buen ejemplo de la manera en que muchos pueblos alrededor del mundo han enfrentado la muerte. Era posible temerle a la muerte en ese entonces. Uno podía clamar contra ella o aceptarla jubilosamente. Pero simplemente no podía ser ignorada.

«Feliz es quien ha visto esto», dice un texto de los misterios respecto al iniciado que ha visto a través de los terrores de la muerte para mirar las maravillas que aguardan más allá. «Quien no haya participado en la iniciación no correrá la misma suerte tras la muerte en la sombría oscuridad».[4] Ese ámbito gris y triste tiene más que solo un poco de similitud con donde empecé mi travesía: con ese «lugar» elemental, como de lodo, que llamo el «Reino de la perspectiva del gusano» en *La prueba del cielo*. No siempre es fácil navegar por los muchos ámbitos que existen más allá del cuerpo. El «Reino de la perspectiva del gusano», como yo lo experimenté, no era un lugar de miedo o castigo: no era un lugar al que «lo mandaban» por no portarse adecuadamente. Pero ahora he descubierto que guarda gran semejanza con las zonas con luz tenue, pantanosas y más bajas de la vida después de la vida como la describieron muchas sociedades antiguas.

El reino del alma es como un océano. Es vasto. Cuando el cuerpo físico y el cerebro —que actúan como amortiguadores en este mundo cuando estamos vivos— se retiran, corremos el riesgo de caer en los ámbitos más bajos del mundo espiritual: ámbitos que corresponden directamente a las porciones más bajas de nuestra psique y que, como tal, son extremadamente turbias. Creo que esto es de lo que hablaban los antiguos cuando sacaban a colación los ámbitos de la vida después de la vida que eran tristes, oscuros y miserables. Y esta es la razón por la cual la iniciación era tan

---

4. De los «Himnos homéricos»: http://www.sacred-texts.com/cla/gpr/gpr07.htm.

importante, tanto en Grecia como en tantas otras culturas antiguas. Por medio de iniciaciones, a la gente se le recordaban, a través de la experiencia, sus verdaderas identidades como seres cósmicos cuya estructura interna reflejaba directamente la estructura de los mundos espirituales que le aguardaban cuando muriera. La idea de que el alma humana estaba modelada con base en los mundos espirituales significaba que al seguir el mandato griego antiguo de «conócete a ti mismo», uno también aprendía a conocer el cosmos que nos permitió nacer. Las iniciaciones con frecuencia tenían partes aterrorizantes porque el mundo espiritual tiene sus áreas oscuras, al igual que la psique humana. Pero principalmente estos ritos parecen haber sido profundamente reafirmantes. Los iniciados sabían que los ritos que habían experimentado los habían preparado tanto para soportar las cargas de la vida terrenal como para hallar su camino de regreso a casa, en las regiones más elevadas del mundo, cuando volvieran a entrar a él cuando murieran. Esas eran las realidades de esos pueblos antiguos. Lo que decían respecto de ellas se basaba, al menos parcialmente, en la experiencia, por lo que sus escritos sobre estos temas pueden ser emocionantes y, para algunas personas, aterrorizantes.

Pero no hay necesidad de temer. Una vez liberados del sistema de amortiguamiento que proporcionan nuestros cerebros físicos y cuerpos, llegaremos hasta donde pertenecemos. Incluso si no somos perfectos (y yo sé un poco al respecto, porque decididamente no lo soy) llegaremos hasta ese ámbito de luz y amor y aceptación. No tiene que ver con ser un santo ni con ser perfectos (lo cual, a un profundo nivel espiritual, ya somos). Pero sí tiene que ver, creo, con estar abiertos. Lo suficientemente abiertos como para permitir que nos arranquen de los ámbitos de la oscuridad en el más allá, que corresponden al mar de nuestras propias regiones más oscuras y débiles, y nos lleven hasta esas regiones de luz a las que todos tenemos capacidad de entrar si queremos.

Fui rescatado, creo, porque una vez fuera de mi cuerpo físico estuve lo suficientemente abierto como para estar listo para decir que sí a la Melodía Giratoria y a la luz que provenía de ella cuando bajó y abrió el portal hacia los ámbitos más elevados. Ofreció ser mi guía, y no tardé mucho en decir sin palabras que sí a su invitación a seguirla hacia arriba hasta el mundo de la luz. Esta parte de mí reaccionó con alegría, alivio y reconocimiento cuando, con sus filamentos radiantes de oro, bajó para «recogerme». Pero hay personas que no están abiertas ante esa bondad, cuando viene por ellos. Cuando esa luz desciende, nada en ellos le dice que sí. Así que se quedan donde están —en la oscuridad— hasta que están listos para que los saquen de ahí. Saber esto por adelantado es invaluable. Es por ello que, para los antiguos, el conocimiento de la existencia de los mundos del más allá, y de cómo era su aspecto, era uno de los regalos más grandes del cielo.

CAPÍTULO 2
El regalo del significado

Más que nada, el futuro de la civilización depende de la manera en que las dos fuerzas más poderosas en la historia, la ciencia y la religión, se relacionen la una con la otra.[5]

ALFRED NORTH WHITEHEAD (1861-1947), FILÓSOFO

Retomando el espíritu de las religiones del misterio, dentro de las cuales él mismo era un iniciado, Platón puso de cabeza la filosofía homérica respecto al más allá, que generalmente creía que esa región triste y gris era todo lo que la gente podía esperar. Lejos de ser una disminución o un alejamiento del brillo y la luz de sol y el júbilo de la vida terrenal, el mundo del más allá, cuando alcanzamos sus planos más elevados, es enteramente más real, más vívido y más vivo que este. Lo que nos aguarda tras la muerte, alegaba Platón, es el mundo real, y toda la vida en este mundo es solo una preparación para ella. De ahí su famosa máxima de que toda la filosofía verdadera es «una preparación para la muerte».

---
5. Citado en Russell, De la ciencia a Dios.

Platón nos habla directamente cuando dice esto. A diferencia de su maestro Sócrates, quien al igual que Jesús no dejó palabras escritas, Platón creía en el valor de la escritura: en salvar las ideas importantes por medio de palabras escritas, y no solo en la memoria, para que las personas olvidadizas de épocas futuras pudieran aprender de nuevo lo que realmente necesitaran saber. Las verdades de las religiones del misterio necesitaban nuevas formas de expresión. Vio, o creyó ver, hacia dónde iban las cosas. Al igual que todos los grandes maestros espirituales, creía que la verdad se debe compartir. (Al igual que Jesús y muchos otros maestros espirituales, también tenía sus dudas respecto a la habilidad de las personas para escuchar). Por medio de sus escritos, Platón nos estaba dando las respuestas a esas tres grandes preguntas que enumeramos al principio del libro. Las documentó de manera bastante intencional, para que aquellos que vinieran después de él no las perdieran. Quizá no sea una exageración decir que estaba tratando de guardarlas para nosotros.

Pero —y esta es una gran razón por la cual, como científico, su historia me parece tan cautivadora— Platón necesitaba que Aristóteles hiciera que su mensaje quedara completo. De hecho, al decir que la muerte es mejor que la vida, Platón abrió el camino para todas las variadas ideologías que han menospreciado la existencia física: desde los filósofos existenciales negativos que dicen que la vida no tiene sentido, hasta los predicadores que creen en el fuego y el azufre, que ven la existencia terrenal como algo puramente maligno. Aristóteles fue un medio correctivo ante esto. Al atraer la atención hacia las maravillas del mundo físico y documentarlas con clara visión del orden en que se manifestaban, creó la tradición de la observación disciplinada y el aprecio agudo del mundo material que jugó un papel enorme al darle forma al espíritu de la ciencia moderna.

Lo que necesitamos hoy es una combinación de lo mejor del espíritu platónico y aristotélico. Esa es la nueva visión que la gente está hambrienta por tener y que está comenzando a adoptar debido a lo que está aprendiendo por su cuenta a través de experiencias personales. Muchos han reconocido que la distinción Platón-Aristóteles reside en las propias raíces de quienes somos. (Arthur Herman, en su reciente libro *La cueva y la luz*, cuenta la historia completa de la cultura occidental al usar esta diferencia básica entre Platón y Aristóteles como marco de referencia). Es vital que estos conocimientos no se queden atrapados en libros de historia antiguos y polvosos; justo son los conocimientos que necesitamos ahora.

Creo que la época que viene contendrá retos terribles, como todo el mundo está empezando a notar, pero también puede ser una época en que el cielo y todo lo que contenga puedan tomarse en serio de nuevo. Si esto sucede —si suficientes personas se animan y empiezan a hablar acerca de las experiencias descritas en este libro— la tendencia en cuanto a creencias cambiará verdaderamente. Los espíritus platónico y aristotélico se juntarán como nunca antes, y ocurrirá el máximo cambio en visiones del mundo que se haya dado en la historia.

Esto no significa que, cuando suceda, los secretos de los mundos del espíritu incomprensiblemente vastos que están más allá del mundo físico se pondrán bajo un microscopio y se examinarán. El universo —y en particular esa parte tan misteriosa, personal y difícil de definir del universo llamada conciencia— simplemente no puede tratarse así. Para estudiar la conciencia, para estudiar las cosas del cielo (los ámbitos no materiales), uno debe tocar humildemente y con esperanza a la puerta como Jesús aconsejó y pedir, no exigir, que lo dejen entrar. En ese sentido, podría decirse que la ciencia tendrá que convertirse, una vez más, en una especie de religión del misterio moderna. Tendrá que aproximarse a la verdad con humildad, con sumisión. Tendrá que volver a aprender cómo solicitarle cosas al universo en vez de exigírselas. En otras palabras, tendrá que rendirse ante la evidencia que el universo presenta respecto a sí mismo. Y el hecho es que desde hace más de cien años el universo le ha estado presentando evidencia a la ciencia moderna que indica que el universo es primero espiritual y en segundo lugar, físico. El problema no es la evidencia, sino el hecho de que tantos científicos son demasiado tercos para mirarla.

La ciencia —y quizá principalmente la medicina— siempre ha tenido un aspecto de iniciación. Siempre ha sido un club, con reglas para los socios y lenguaje esotérico no entendible para las personas de afuera, y duras pruebas y exámenes por superar antes de poder entrar al santuario y considerarse realmente como miembro. Yo lo sé bien. Recuerdo vívidamente el día en que me gradué de la escuela de medicina, el día que realicé mi primera operación solo, el día en que por primera vez fui pieza fundamental para salvar la vida de alguien. La vida moderna está llena de grupos con una iniciación. Las fraternidades y hermandades de las universidades, los clubes sociales y deportivos… todas estas organizaciones tienen ceremonias de iniciación (y duras pruebas desgarradoras y a veces controvertidas que con frecuencia todavía las acompañan) cuyos orígenes se remontan a los ritos de iniciación que definieron y dieron forma a la vida de las personas en buena parte de los mundos antiguos y primordiales. Mi carrera completa de paracaidismo en la universidad no era más que otro —realmente maravilloso— club con iniciación. Nunca olvidaré las palabras que mi instructor —podríamos llamarlo mi iniciador— me dijo ese día, en septiembre de 1972, cuando el Cessna 195 monomotor en el que estábamos se ladeó y se enderezó, y la puerta se abrió para mi primer salto:

«¿Estás listo?».

Estimado doctor Alexander:
Soy un maestro de yoga y espiritual y cuando mi padre yacía en su lecho de muerte vi que mi madre estaba sufriendo enormemente. Él estaba descargando su ira hacia

ella conforme perdía el control de su vida. Ella seguía amándolo incondicionalmente; sin embargo, se sentía desconsolada. Su vida había estado atada a él. Incluso me dijo que una vez que él se fuera, ella dejaría de comer.

Durante los tres meses previos a esto yo le había pedido tres cosas al Espíritu Santo. Una, que mi padre «sintiera» amor. Era un hombre ambicioso que no se cuidaba, y siempre había buscado la felicidad en el siguiente aumento, el siguiente ascenso, el siguiente juego de golf. Con enojo y lleno de frustración, pedí que conociera este amor en todo su ser. En segundo lugar, pedí que mi madre supiera, de alguna manera, que él estaba vivo incluso después de que dejara su cuerpo.

(…) Un día… agarró la mano de mi madre y la mía y le rodaron lágrimas por el rostro. Al mirarla, dijo: «Te he buscado toda mi vida. Eres el amor de mi vida». Procedió a decir cuánto nos amaba a mi hermana y a mí, y cuánto significábamos para él. Pronto todos estábamos llorando y hablamos con el corazón en la mano. Se durmió. Cuando despertó no recordaba esto. Sin embargo, nos había animado a mi madre y a mí y se lo agradecí al Divino a lo largo de varios días después de esto.

[Después de que mi padre murió,] mi mamá me pidió regresar en tres semanas y ayudarla a dejar de comer… En dos semanas llamó para decir que iba a venir desde Florida hasta Maine para pasar la Navidad con nosotros. Tenía una noticia emocionante que tenía que contarnos en persona. Una vez que estábamos en el hogar de mi hermana me pidió que me sentara en su cama. Le pregunté qué había hecho que cambiara tanto. «Es difícil de

creer —me dijo— pero hace tres noches me desperté y tu padre estaba sentado en la orilla de mi cama». «¿Era un sueño, mamá?», le pregunté. «No. Era más real que tú. Y se veía como de 45 años. Me miró con tanto amor, con un amor tan completo, que supe que me estaba esperando». Me sorprendió el cambio en ella; ya no sufría, estaba en un lugar de paz.

Después de esto decidió operarse por un aneurisma... [L]as enfermeras dijeron que nunca se quejó y que parecía tener una luz que la rodeaba. Yo mismo la noté. Con terapia física, intentó recuperar su fuerza física. Pero la operación no fue exitosa. Con serenidad, pidió que la desconectaran de la máquina de respiración y me senté con ella mientras se dejaba ir. Tuvimos mucho tiempo para platicar y reír juntos y verdaderamente conocernos el uno al otro antes de que muriera.

Ella sabía que era Espíritu Puro que estaba teniendo una experiencia humana y que era eterna y amada. Gracias SER Divino y todos los maestros que están aquí para ayudarnos a conocer nuestra Verdadera Naturaleza.

He llegado a sentir que la travesía que narré en *La prueba del cielo* fue una especie de iniciación moderna a los misterios: una en la cual, morí ante mi antigua visión del mundo y nací dentro de una nueva. Hay tantas personas que están atravesando versiones de lo que yo atravesé, experiencias espirituales que cambian lo que son. Es casi como si nosotros, como cultura, estuviéramos pasando por una iniciación masiva juntos. Esto es lo que el historiador contemporáneo Richard Tarnas ha planteado:

> *Creo que la humanidad ha entrado en las fases más críticas de un misterio muerte-renacimiento. El camino entero de la civilización occidental ha puesto a la humanidad y al planeta en una trayectoria de transformación por medio de la iniciación, primero con la crisis nuclear, seguida por la crisis ecológica; un encuentro con la mortalidad que ya no es individual y personal, sino más bien transpersonal, colectivo, planetario.*[6]

Esto no es algo que resida en el futuro. Está ocurriendo ahora. Una nueva visión de la realidad se está construyendo de manera lenta pero segura: no solo dentro de las mentes de pensadores contemporáneos como Tarnas, sino también en la gente común. Gente que ha captado un vistazo de lo que realmente somos, de dónde venimos y hacia dónde vamos en realidad, y que al igual que yo está buscando un nuevo vocabulario y una nueva visión del mundo donde podamos hacer que esto quepa.

Esto no se logra fácilmente. ¿Cómo podría remplazar su antigua visión del mundo con una nueva sin caer en caos absoluto? ¿Cómo puede dar este paso de un mundo ordenado hacia otro sin correr el riesgo de resbalarse y caer entre los dos? Requiere valor. Valor que, creo, recibiremos si lo pedimos.

---

6. Tarnas, «¿La psique está atravesando un rito de iniciación?», de Singer, *El asunto de la visión*, 262.

> *Reprimir los conocimientos jamás es responsabilidad de los científicos, sin importar lo incómodos que sean estos conocimientos, sin importar qué tanto puedan molestar a aquellos que tengan el poder. No somos lo suficientemente inteligentes como para decidir cuáles conocimientos son permisibles y cuáles no.*
>
> CARL SAGAN (1934-1996)

En su libro de 1987, *Una costa más lejana* (vuelto a publicar recientemente bajo el título de *Costas más lejanas*), la doctora Yvonne Kason escribe acerca de una experiencia cercana a la muerte que atravesó cuando iba viajando como doctora en entrenamiento con un paciente enfermo y el pequeño avión en que iba cayó en un lago canadiense helado. Yvonne forcejeó mientras que el agua inundaba la cabina y trató de sacar a su paciente, atado con correas a una camilla difícil de manejar, por la puerta frontal para pasajeros. Para cuando Kason se dio cuenta de que la camilla era demasiado amplia como para caber, sus manos estaban congeladas y eran casi inservibles. Se arrastró a través de la puerta de entrada que se estaba inundando y nadó hasta la costa.

Mientras tosía violentamente, tenía todo el cuerpo entumido y casi no podía mantener el rostro fuera del agua helada, pero Yvonne de repente descubrió que estaba flotando, con facilidad y tranquilidad, varios cientos de metros por encima del lago. Podía verse a sí misma, nadando hacia la costa, así como el avión semisumergido del cual había escapado, con completa claridad. Sabía que el paciente que todavía estaba atado a la camilla dentro del avión probablemente estuviera condenado a morir y que, dada la velocidad de la corriente y la temperatura del agua, ella también. Sin embargo, se sentía completamente en paz. Sabía que, sin importar lo que ocurriera, era profundamente amada y que la cuidaban. Nada podía salir mal.

Kason luchó hasta llegar a la costa congelada junto con otras dos personas que estaban en el avión caído y esperó a ser rescatada. Un helicóptero llegó al paso del tiempo y «mientras flotaba entre la conciencia paranormal y la normal», como lo expresa en su libro, Yvonne por fin llegó a un hospital donde las enfermeras la llevaron a una sala de hidroterapia y la sumergieron en un jacuzzi:

> *Mientras estuve sumergida en el agua caliente que se movía como remolino sentí que mi conciencia se encogía a partir de su estado expandido y me jalaba la parte superior de la cabeza para regresarla hasta mi cuerpo. La sensación era similar a lo que me imagino que un genio pudiera sentir al ser succionado a la fuerza para que regrese a su pequeña botella. Escuché un zumbido, sentí una sensación de ser jalada hacia abajo y de repente fui consciente de volver a estar completamente dentro de mi cuerpo.*

Es una historia increíble, pero lo más extraordinario fue lo que le pasó a Kason como consecuencia. «Los meses de transformación que ocurrieron tras mi experiencia cercana a la muerte —escribe— hicieron que me quedara con una sensación de estar psicológicamente fuerte, clara y centrada. Sentí una tremenda fuerza interna y el valor para hablar con sinceridad. La experiencia sigue siendo una tremenda fuente de inspiración aunque hayan pasado unos 15 años. Lo más importante, comenzó un proceso de transformación espiritual que ha continuado hasta hoy».

Pero esa transformación no ocurrió toda al mismo tiempo, ni tampoco estuvo libre de conmociones que afectaran la antigua visión de la realidad de Kason. Relata:

> *Cuando finalmente regresé al trabajo, había recobrado mucha de la sensibilidad en las puntas de mis dedos y me sentía bien física y emocionalmente; pero todavía no sabía que había tenido una experiencia cercana a la muerte, y en definitiva no sabía que una experiencia cercana a la muerte pudiera dejar la mente abierta ante aportaciones psíquicas. Imagínese mi sorpresa cuando, unos dos meses tras el accidente del avión, tuve mi primera experiencia psíquica.*
>
> *Una noche después del trabajo, iba manejando para visitar a mi amiga Susan. Cuando me detuve en un semáforo en rojo, una imagen vívida, brillante y casi luminosa me saltó al ojo de la mente: un cerebro recubierto de pus. La imagen era tan clara que me dejó pasmada.*
>
> *Estaba segura de que la imagen que vi representaba meningitis, una infección del recubrimiento de la superficie del cerebro. También estaba segura de que era el cerebro de Susan. De entrada, desconcertada por la experiencia, decidí no mencionárselo a nadie. Pero cuando llegué a casa de Susan, le pregunté cómo se estaba sintiendo. Me dijo que había estado padeciendo un dolor de cabeza severo e inusual —un sín-*

toma clásico de la meningitis— durante varias horas. No quería alarmarla, pero solo para estar segura, le pregunté acerca de otros síntomas comunes de la meningitis. Aunque no tenía ninguno de ellos, la imagen del horrible cerebro cubierto de pus me obsesionaba y sentí que tenía que decir algo. De manera titubeante, le conté acerca de la visión y de lo que pensé que representaba. Pensó por un momento y luego preguntó cómo podría saber si su dolor de cabeza indicaba meningitis temprana.

Yvonne le explicó los síntomas e hizo que Susan le prometiera que si aparecían, iría a emergencias. Aparecieron y fue. «Cuando se fue a emergencias —escribe Yvonne— los doctores hicieron una punción lumbar y confirmaron que tenía un tipo de meningitis raro y con frecuencia letal. El diagnóstico temprano permitió que los doctores la trataran exitosamente, y pudo regresar a casa en dos semanas».

Yvonne al principio no sabía qué hacer con esta nueva habilidad. Fue solo cuando conoció a mi socio en cuanto a estudios de casos cercanos a la muerte, Kenneth Ring, unos cuantos años después que aprendió que una percepción más despierta del mundo es un efecto común de las experiencias cercanas a la muerte.

Joseph Campbell, en su libro clásico de 1949, *El héroe de las mil caras*, alegaba que todos los mitos y leyendas son, en esencia, una misma historia. En síntesis, la historia va así: Un individuo (nos referiremos a esta persona como «él» para simplificar, aunque las heroínas de esta naturaleza abundan) que está haciendo sus cosas es arrancado repentinamente de esa vida y llevado a un panorama extraño y nuevo. Ahí, este individuo atraviesa problemas y traumas, los cuales culminan en un encuentro con un dios o diosa. Si el héroe es hombre, el encuentro generalmente toma la forma de una reunión con un ser femenino extraordinariamente bello y sabio —una especie de ángel— que guía al héroe hasta ámbitos incluso más elevados; quizá hasta llegar al Divino.

Este ser angelical es totalmente distinto al héroe y, sin embargo, al mismo tiempo —con esa lógica extraña que los mitos y los sueños pueden tener— es su ser más profundo.

Otro elemento común en esta historia universal es que el héroe sufre algún tipo de herida: tiene una debilidad que lo pone a prueba y lo atormenta y evita que cumpla su destino. Esa reunión en el mundo del más allá sana esta herida. Cuando el héroe regresa al mundo del cual vino, es una persona cambiada. Ha sido iniciado y, al igual que todos los iniciados, ahora es un ciudadano de dos mundos.

Con frecuencia, en esta historia hay un segmento durante el cual, una vez que ha regresado, el héroe tiene que lidiar con el significado de lo que le ocurrió. Ciertamente fue lo suficientemente real mientras ocurría. Pero ¿quizá todo fue solo un sueño?

Luego, a través de algún suceso pequeño, tal vez aparentemente insignificante, se confirman su aventura y las lecciones que aprendió en el mundo de arriba. Recibe evidencia, pruebas, de que su aventura fue real. Se da cuenta, de una vez por todas, de que el lugar al que fue no era un simple sueño, y de que el tesoro que se trajo de allá también es sólido y real.

¿Le suena familiar?

Los iniciados/héroes con frecuencia también son enterrados en criptas, tumbas u otras estructuras similares, donde sus cuerpos se quedan mientras que sus almas viajan a otros mundos. En mi historia, la «cripta» fue la cama 10 de la Unidad Médica de Cuidados Intensivos, donde estuve acostado, inmóvil, rodeado por mis amigos y mi familia mientras que mi verdadero ser viajaba al Portal y al Núcleo. Los chamanes a veces tienen reunidos a su alrededor a su familia y sus amigos cuando entran en trance —cuando su alma deja el cuerpo para viajar dentro de los mundos de arriba y abajo de la tierra—. De igual manera, mis hijos, Bond y Eben IV; mi exesposa, Holley; mi madre, Betty, y mis hermanas Jean, Betsy y Phyllis estuvieron reunidos a mi alrededor, vigilándome constantemente hasta que mi travesía se hubiera completado.

Mi herida, mientras tanto, era una lucha subconsciente de toda una vida contra el hecho de no sentirme merecedor de ser amado como resultado de mi abandono y adopción cuando era un infante. En mi experiencia cercana a la muerte, mi ángel guardián me dio el amor incondicional supremo que tantas otras personas que han viajado fuera de su cuerpo han llegado a conocer tan bien. Así inició mi sanación profunda.

Mi historia fue particularmente dramática. Pero desde que regresé he aprendido que versiones de esta historia le ocurren todo el tiempo a la gente. Esta es exactamente la razón por la cual Campbell le puso a su libro el título que eligió. Todos somos, señalaba, héroes. Y todos pasamos por travesías similares. Esta es una razón importante, ahora me doy cuenta, por la cual nunca me canso de viajar y contar mi historia (algo que he estado haciendo casi sin parar desde que salió *La prueba del cielo*) y por la cual la gente no se cansa de escucharla. Mientras más la cuento, más fuerza me da; y mientras más veo que tienen resonancia en los ojos de aquellos a quienes se las cuento, mayores son mi júbilo y mi gratitud.

Muchos escenarios de iniciación involucran un monstruo devorador que el héroe enfrenta y al que se sobrepone. La meningitis bacteriana, la enfermedad que yo sufrí y la enfermedad que alertó a Yvonne respecto a sus nuevas habilidades psíquicas, fue el equivalente médico moderno de uno de esos dragones de fuego o monstruos que comen hombres que tan frecuentemente enfrentaban los héroes por iniciarse mencionados en mitos y leyendas. La meningitis bacteriana en realidad sí trata de comerte. La dura prueba de Yvonne en las aguas heladas del lago también me recordó que muchos escenarios de iniciación comienzan con una inmersión en agua. Mi propia historia de hecho también había comenzado con una inmersión— aunque de un estilo muy diferente. *La prueba del cielo* comienza cuando me levanto de la cama temprano la mañana de un lunes con un dolor insoportable de espalda y me meto en la bañera en un intento por hacer que el dolor se vaya.

El agua es un símbolo primario del renacimiento. Los antiguos rituales del misterio con frecuencia incluyen inmersión en agua. La palabra *bautizo* viene del griego baptismos, que significa sumergimiento o lavado ceremonial. El bautismo era y es una manera ceremonial de limpiar la «mugre» que se ha acumulado durante nuestra travesía terrenal, para que podamos recobrar nuestra naturaleza original celestial. No es que yo estuviera pensando en ello de esta manera en ese momento. En ese momento, tenía un horrible dolor de espalda, estaba a punto de llegar tarde al trabajo y solo quería seguir adelante con mi día.

Una vez que logré salir de la tina, me puse mi bata de baño roja de tela afelpada (las batas rojas, me informó después un lector, tenían un significado ritual en las ceremonias de bautizo cristianas antiguas) y realicé lo que describo como «hacer pininos» de vuelta a la cama. Cuando revisábamos de arriba a abajo este bloque de texto, Ptolemy Tompkins, mi colaborador en este libro y en *La prueba del cielo*, varias veces quitó «hacer pininos». Yo lo volvía a poner. Después, Ptolemy dijo que yo había estado en lo correcto al dejar la palabra. Al igual que muchos iniciados anteriores a mí, tuve que convertirme primero en alguien «parecido a un niño pequeño» antes de poder viajar de regreso a mi tierra de origen. Y en cierto nivel yo lo sabía, aunque conscientemente no lo supiera en absoluto.

Aquí, al igual que en muchos otros lugares de la historia, los detalles mítico-rituales simplemente estaban ahí. Yo no estaba planeando nada de este simbolismo por adelantado. Aquí en mi historia, al igual que en todas partes de nuestras vidas, el significado es endémico a la vida. Si lo buscamos, lo encontraremos. No necesitamos colocarlo ahí.

Estimado doctor Alexander:
El 10 de noviembre de 2007 me mordió una serpiente venenosa en La Grange, Texas. Recibí seis unidades de sangre y dieciocho unidades de antídoto contra el veneno tras un viaje en helicóptero de más de cien kilómetros, y la sala de emergencias de Austin, estaba convencida de que yo no sobreviviría. Estuve en la unidad de cuidados intensivos solo dos días, pero durante las primeras doce horas, aproximadamente, estuve inconsciente. Aunque no recuerdo los detalles como usted, estoy convencido de que me comuniqué con mi padre, que en esa época estaba en sus etapas finales de Alzheimer. Falleció antes de que hubieran pasado dos meses, pero dos días previos a su fallecimiento, mientras yo lo visitaba, ocurrió algo que realmente me abrió los ojos. Cuando nos estamos preparando para irnos, el hombre que en gran medida había estado sin responder ni reconocer durante meses me tomó de las manos con… sus ojos bien abiertos [y] me miró como diciendo: «Va a estar bien, ya vete».

Realmente nunca le conté a nadie acerca del suceso, incluso tras su fallecimiento, salvo a mi esposa, quien estaba conmigo en ese momento. Siempre sentí que de alguna manera nos habíamos comunicado sin saberlo y ahora, tras leer su libro, estoy convencido de que así fue. Además, tras mi experiencia, ha cambiado la forma en que me siento con respecto a la muerte (al menos a mi propia muerte), pues tengo miedo de morir y casi me siento invencible. No en una forma suicida, sino en una forma reconfortante, lo cual significa que no le temo, sino que casi la acepto con los brazos abiertos. Siempre he creído en Dios, al igual que mi familia, pero siento que he estado en contacto con Dios de una forma que todavía no entiendo. Solo quiero que usted sepa que aunque todavía no entiendo por completo lo que realmente me pasó durante mi etapa de estar inconsciente, cada vez siento más y más que no fue un sueño. Gracias por su libro maravilloso y le deseo que tenga éxito continuo al transmitir el mensaje a tantas personas como sea posible.

Thomas Mueller

El pueblo dogón de África tiene una palabra interesante para *símbolo*: «palabra de este mundo inferior». Este mundo material es completamente simbólico. Siempre está tratando de hablar con nosotros, tratando de recordarnos lo que se encuentra detrás y encima de él. Cuando leemos libros o vemos películas, esperamos trasfondos simbólicos. Pero la vida misma es simbólica. El significado no es algo que nosotros le agreguemos a la vida. Ya está ahí.

Esto es por lo que he tenido un interés creciente en lo que el psicólogo Carl Jung llamó sincronicidad: la manera curiosa en que los sucesos en nuestro mundo aparentemente aleatorios y sin significado actúan, ocasionalmente, en forma perceptiblemente no aleatoria.

Todos experimentamos sincronicidades. No solo coincidencias, sino conjuntos completos de sucesos que casi gritan su significado. Jung sintió que estos sucesos eran tan claramente reales que exigían atención científica. Fue una revelación sorprendente, considerando los años fuertemente materialistas de mediados del siglo XX en los cuales hizo la mayoría de su trabajo.

Y resultó completamente escandaloso. «Significado», para sus colegas científicos, no solo no era una palabra científica: era rotundamente anticientífica. La ciencia dice que el significado es una ilusión, una proyección. Inventamos un significado en nuestra cabeza y luego lo lanzamos hacia el mundo, con la esperanza de que pegue. El aceptar el significado como algo real representaría que nos volveríamos a caer en el pozo sin fondo de ignorancia y superstición del cual los científicos nos sacaron tras dedicar a ello un tiempo muy largo y laborioso. Los filósofos y poetas pueden preguntar qué significan las cosas. Los científicos, Jung bien lo sabía, no. De todos modos siguió adelante y lo hizo.

La sincronicidad más famosa en la vida de Jung ocurrió durante una sesión con una paciente suya que estaba describiendo un sueño en el que le habían dado un escarabajo dorado: un escarabajo egipcio tallado.

«Mientras me estaba contando este sueño —escribe Jung— yo estaba sentado y le estaba dando la espalda a la ventana cerrada. De repente escuché un ruido detrás de mí, como un golpeteo ligero. Voltee y vi a un insecto volador que pegaba contra el cristal de la ventana desde afuera. Abrí la ventana y atrapé a la criatura en el aire cuando entró volando».[7]

Al ser un agudo observador del mundo natural, Jung identificó al escarabajo con rapidez. «Era la analogía más cercana a un escarabajo dorado que uno pudiera encontrar en nuestras latitudes, un escarabeido, el abejorro de la rosa (*Cetonia aurata*) común, que en oposición a sus hábitos evidentemente había sentido el impulso de entrar a un cuarto oscuro en este momento en particular».[8]

En todo el mundo en la actualidad, las personas atraviesan experiencias, desde las vastas hasta las aparentemente insignificantes, que transmiten un solo mensaje: el mundo tiene significado. Los mundos más elevados nos hablan donde quiera que estemos. Todo lo que necesitamos hacer es escuchar. Al igual que en mi caso, a estos nuevos iniciados se les abrieron los ojos ante un misterio que trasciende todos los argumentos entre una religión y otra, entre la religión y la ciencia, entre la creencia y la incredulidad. Nos hemos convertido en personas en las cuales una dañina división muy adentro de nuestra psique (una que con frecuencia ni siquiera sabíamos que teníamos) ha sanado. El espíritu de Platón y el espíritu de Aristóteles se están juntando dentro de nosotros. Como resultado, encontramos que ahora vivimos en un mundo nuevo.

---

7. Jung, *Sincronicidad*, 31.
8. *Ibid.*

Estimado doctor Alexander:

Déjeme comenzar por decirle que NUNCA le había escrito antes a un autor. El 21 de octubre de 2013, nuestro hijo de 25 años entró al hospital con lo que pensamos que era un caso de infección estomacal o intoxicación por alimentos. Pronto se puso peor y lo internaron a la unidad de cuidados intensivos. Lo vimos perder la mayor parte del funcionamiento de sus órganos, uno tras otro. Su hígado dejó de procesar los antibióticos… su función renal se volvió mucho más lenta… y luego su páncreas no estaba funcionando correctamente. Tenía insuficiencia cardiaca congestiva, así que sus pulmones se estaban llenando. Por último, su corazón entró en fibrilación atrial. No le podían dar glucosa por medio de su sonda intravenosa porque estaban preocupados de hacer que cayera en coma diabético. Estaba conectado a once bolsas intravenosas distintas. No estaba respondiendo bien a nada de esto. Pensamos que estaba durmiendo mucho. Nunca dijeron que estuviera en coma, aunque sus muñecas y tobillos se «curvearan» hacia adentro, como usted lo explicó en su libro.

El hospital mandó traer al capellán, al especialista en dolor [y] al especialista en cuidados paliativos, nos dio folletos sobre funerales y nos dijo que no había nada más que pudiera hacer. Nos dijeron que, conforme cada sonda intravenosa se fuera vaciando, no la iban a remplazar. Miramos y rezamos conforme quitaron una tras otra de las bolsas intravenosas, hasta que solo quedaba la solución salina. Conforme retiraban cada bolsa, su cuerpo empezó a reanudar las funciones de ese órgano… los mé-

dicos solo meneaban la cabeza; uno me dijo que fue por algo más que solo por lo que ellos habían hecho. Nosotros también nos habíamos turnado y jamás lo dejamos solo en los nueve días que estuvo en la unidad de cuidados intensivos ni durante los otros veinte días que estuvo en el hospital. Mi hijo fue trasladado a una habitación normal y luego al centro de rehabilitación del hospital. El 4 de noviembre su corazón tomó un ritmo sinusal normal por sí solo.

*Era encantador y brillante... Su cumpleaños fue durante su estancia en rehabilitación. Una de las enfermeras le trajo una copia nueva de su libro «**La prueba del cielo**». Un par de días después, durante un momento tranquilo, le pregunté si quería que le leyera un capítulo. Me dijo que claro. Después de que estuve leyendo durante un rato, lo volteé a ver y mi fuerte hijo, de 1.93 m de alto, tenía lágrimas que rodaban por sus mejillas. Le pregunté si el libro lo estaba alterando y si quería que me detuviera. Me dijo que no, que siguiera leyendo. Quería que continuara durante un par de capítulos más.*

Esa noche, cuando él se estaba preparando para dormir, me dijo con voz baja: «Hablé con Dios en la unidad de cuidados intensivos. Me preguntó si quería quedarme o irme a casa. Le dije que quería irme a casa. Yo no sabía que otras personas pensaran que se habían ido al cielo. Estábamos al lado de las puertas del cielo. Había mucho verde más allá. Después te contaré más acerca de esto».

Lo interesante fue que un par de días después, le pregunté a la enfermera cuándo había leído el libro. Me respondió que nunca lo había leído. Dijo que alguien le re-

comendó que nos consiguiera el libro, así que lo había solicitado por medio de un pedido especial.

Mi hijo regresó del hospital a casa el 19 de noviembre de 2013. Su libro lo ayudó a comprender lo que había pasado... Seguimos leyendo capítulos hasta que llegamos a la parte en la que usted también se fue a casa. Luego dijo que lo terminaríamos después, en un par de semanas.

Quería procesarlo. Nunca lo hicimos. Solo lo tuvimos seis semanas en casa; finalmente nunca nos contó más acerca de su experiencia. Murió el 4 de enero de 2014 a raíz del virus de la influenza H1N1: 2009 (influenza porcina).

Muchas gracias por escribir su libro. Nos ayudó a todos inmensamente. Cuando mi hijo falleció, supongo que regresó a las puertas del Cielo y que habló con Dios de nuevo.

Sinceramente,
Claire

En diciembre de 1991, una psicoanalista muy conocida de San Francisco llamada Elizabeth Lloyd Mayer tenía un problema. El arpa irreemplazable de su hija fue robada durante un concierto. Mayer dedicó dos meses a usar todos los recursos de los cuales disponía para recuperar el arpa. Finalmente, como escribe en su libro *Conocimiento extraordinario*, una amiga le dijo que si de verdad estaba preparada para probar lo que fuera con tal de tener el arpa de vuelta, debería probar un zahorí. «Lo único que yo sabía acerca de los zahoríes —escribe Mayer— era que se trataba de esa especie extraña que localiza agua subterránea con palos bifurcados». Para Mayer, una profesora de psicología en la Universidad de California, Berkeley, esto era territorio desconocido.

Mayer sabía que la noción de una pertenencia perdida suya pudiera ser ubicada físicamente por un completo desconocido era pura fantasía. Violaba todas las reglas de la lógica del mundo en el cual había estado viviendo y practicando con éxito su oficio como psiquiatra durante décadas. Al mismo tiempo, realmente quería tener de vuelta ese arpa.

Mayer hizo su mejor esfuerzo por mantener a raya a su crítico interno y llamó al número de un destacado zahorí en Arkansas que su amiga le había dado.

«Deme un segundo», dijo el zahorí. «Le diré si todavía está en Oakland». Sí, le dijo, sí estaba. Usó un mapa con las calles e indicó la casa exacta donde, según decía, se localizaba el arpa. Mayer se preguntó qué hacer con esta información. No podía simplemente tocar a la puerta de la casa con la noticia de que un zahorí le había dicho que el arpa de su hija estaba ahí.

Entonces le llegó la inspiración. Imprimió unos volantes sobre el arpa y los pegó en un radio de dos cuadras alrededor de la casa. Tres días después, recibió una llamada. La persona que estaba en la línea dijo que había visto el volante y que su vecino tenía el arpa. Tras algunas llamadas telefónicas, se coordinó una cita y el arpa fue devuelta.

Al manejar de regreso con el arpa recuperada de su hija en el asiento trasero, Mayer tuvo una revelación de tres palabras:

«Esto cambia todo».

Esta historia describe cómo muchos de los que integramos la comunidad científica acabamos por cambiar nuestra perspectiva respecto al tipo de lugar que el mundo es. Nos encontramos en una situación donde nos vimos forzados a probar todas las antiguas explicaciones para un nuevo tipo de fenómeno. Cuando no funcionaron, nos vimos forzados a considerar la posibilidad de que el mundo como lo entendíamos no fuera el mundo como realmente es. Esto a su vez nos llevó a explorar nuevas formas de entender el mundo, formas que proporcionaran mejores respuestas que nuestros antiguos métodos.

Quizá desde antes sabíamos que existían estas maneras de mirar el mundo, pero las considerábamos absurdas. Quizá todavía las consideráramos absurdas, pero… queríamos nuestra arpa de regreso.

Así que corrimos el riesgo. Nos armamos de valor y nos abrimos ante la posibilidad de un conjunto de ideas nuevo y radicalmente diferente sobre realmente qué tipo de lugar puede ser el mundo.

En el caso de las personas como la doctora Mayer, el pago que recibimos con esto fue mucho más grande, mucho más importante que ningún arpa. Nos recuperamos a nosotros mismos. Aprendimos que cuando se trata de esas tres grandes preguntas que se hicieron aquellas culturas que llegaron antes que nosotros, realmente podría haber respuestas completamente distintas a las que hubiéramos podido imaginar que existían.

La historia de Mayer también muestra que usted no necesita tener una experiencia dramática como una experiencia cercana a la muerte para atravesar este cambio de perspectiva. Pero sí creo que difundirlo es el deber de aquellos de nosotros que sí hemos atravesado estos tipos de experiencia más dramáticos: hablar de dónde hemos estado y qué hemos visto, y usar cada habilidad de la que disponemos para darle vida a ese mensaje y traducírselo a este mundo.

Al igual que yo, Kason y Mayer eran doctores y los dos fueron arrastrados a la fuerza hasta este nuevo mundo donde el significado es real. Ambos lo lograron. Se convirtieron en doctores—iniciados de alto nivel dentro del club de la ciencia que no tuvieron miedo de entender que el significado, el lenguaje del mundo espiritual, es real. Que otro mundo está tratando de hablarnos y que mientras más escuchemos, más entenderemos. Las corrientes gemelas de la ciencia y el espíritu, en vez de pelear, están entrelazadas dentro de estos colegas médicos, de manera similar a la forma en que las dos serpientes del caduceo se entrelazan en el bastón sagrado que hasta la fecha puede verse en casi todo consultorio médico.

Estimado doctor Alexander:
Mi esposa Lorraine falleció el 24 de junio de 2013 tras 21 años de matrimonio. A lo largo su vida, Lorraine fue muy espiritual y como integrante de la Iglesia Metafísica de Arlington, Virginia, practicaba sanación reiki. Lorraine también tenía como «guías» a unos nativos ame-

ricanos a quienes recurría en tiempos duros. Tras el fallecimiento de Lorraine, cuando fui confrontado con el reto de empacar mis pertenencias del hogar en preparación para mudarme a mi siguiente morada, me senté en mi terraza y trate de relajarme y, para mi sorpresa, una mariposa monarca apareció y revoloteó a no más de tres metros (de) donde yo estaba sentado. Como había vivido en mi propiedad desde hacía más de 14 años, sabía que las mariposas generalmente se presentan en grupos. Sin embargo, esta mariposa en especial no tenía acompañantes. También, cuando yo necesitaba salir, volvía a aparecer la misma mariposa. Yo no estaba seguro de qué pensar; sin embargo, cuando saqué el carro en reversa me aseguré de que la mariposa no acabara atropellada.

… pensé que quizá Lorraine habría regresado a la Tierra como mariposa pero necesitaba que me convencieran más… Yo era escéptico respecto a cualquier cosa que rayara en la espiritualidad… Esto ahora es el inicio de mi búsqueda de fe y tranquilidad.

Cuando Lorraine falleció, decidí donar su cuerpo a una organización que usaba a los difuntos para investigaciones médicas. Al final de cierto periodo establecido, Lorraine sería cremada y me devolverían sus restos. El último deseo de Lorraine era ser enterrada junto a un árbol para que su espíritu pudiera tener acceso a sus «guías». Retomaré esto a su debido tiempo.

Durante el proceso de empacar las cosas en preparación para mi mudanza, tuve que revisar los artículos personales de Lorraine, incluyendo toda su joyería y artículos diversos. Cuando abrí los cajones de su joyero, me encontré una y otra vez con artículos que representaban mariposas. Yo sabía que a Lorraine le gustaban las mariposas, pero también le gustaban otros objetos coleccionables como gnomos, edificios y personajes de la Aldea de Dickens, vacas de cerámica y sobre todo unas 100 muñecas coleccionables que exhibía por toda la casa. Sepa que mientras yo empacaba todo, la mariposa monarca siempre me estuvo esperando hasta que saliera.

… Tras instalarme en mi casa de ciudad, me mandaron los restos de Lorraine. Abrí la caja en la que fueron enviados y saqué una caja de 10 x 15 cm con un bonito cordón atado alrededor con un moño. Casi no pesaba nada e irónicamente me vino a la mente una canción al tiempo en que recogí la caja que contenía las cenizas de Lorraine: era Peggy Lee cuando cantaba «¿Es eso todo lo que hay?». Puse a Lorraine en mi librero de la oficina y me puse a pensar en cómo cumplir su último deseo. Después de dos semanas de conservar lo que quedaba de Lorraine, se me ocurrió un plan. Le preguntaría a mi amigo Norman si estaba bien buscar un lugar final de descanso para Lorraine dentro de las 5 hectáreas de bosques que le pertenecían a su hija y que estaban al lado de la Montaña del Sur en Maryland… Así que un día me puse de acuerdo con Norman para llevarla hasta este pequeño pedazo de cielo y encontrar un buen árbol sólido donde pudiera descansar en paz.

Al llegar a la propiedad y empezar a discutir acerca de dónde podríamos encontrar el árbol «correcto», oh, sorpresa, una mariposa monarca se apareció y revoloteó cerca de donde estábamos parados. Al igual que antes, cuando vi a la mariposa en la terraza de mi antigua casa solo apareció una mariposa. Después de localizar el sitio correcto, Norman me ayudó a cavar un hoyo lo suficientemente profundo como para que cupieran las cenizas de Lorraine. Entonces desaté el cordón que había alrededor de la caja y la abrí. Adentro había una bolsa de plástico que contenía lo que quedaba de mi amada esposa y alma gemela. Entonces desaté la bolsa de plástico e instalé a Lorraine en su sitio de descanso final. Todo este tiempo, la mariposa monarca permaneció en la misma zona donde la dejamos. Ahora tuve la sensación de que Lorraine estaba ahí en forma de esa mariposa monarca.

Para reforzar mi creencia, aquí viene algo para cerrar con broche de oro. Ayer le llamé a Norman y le dije que me gustaría ir a la cabaña para verlo y conocer por primera vez a su hija. Ayer se cumplieron unos 10 días tras haber enterrado a Lorraine. Cuando llegué y estábamos caminando por la propiedad, ¡adivine quién estaba revoloteando sola! ¡Sí! Adivinó correctamente. Era la misma mariposa monarca que había llegado a mi vida hacía alrededor de un mes. Luego de mi historia usted puede elegir creer o no creer. Puede decir que las mariposas monarca son comunes en el área, pero tome en cuenta que esta siempre era una mariposa sola.

Don Entlich

Si su esposo muriera y le encantaban los cardenales, y durante el aniversario de su muerte usted caminara hacia su lápida y de casualidad se encontrara a un cardenal sentado sobre ella, tiene permiso de tomar esto como una señal. No deje que alguna voz dentro de usted le diga que la presencia del cardenal es una coincidencia. A menos que entienda la palabra *coincidencia*, que significa que dos cosas ocupan un lugar, en términos de la expresión más profunda y adecuada, *sincronicidad*.

«Si me sonríes», decía una frase de una canción de Crosby, Stills and Nash que estaba de moda durante mis días universitarios, «entenderé, porque eso es algo que todos en todas partes hacen en el mismo idioma». El universo habla un solo idioma y es el lenguaje del significado. El significado está integrado dentro de cada nivel del universo, incluso al nivel donde vivimos, donde es más complicado verlo. Es por ello que la queja principal que la gente tiene acerca de la vida moderna es que es carente de significado. Bajo la superficie, definitivamente no lo es.

CAPÍTULO 3
El regalo de la visión

Donde no hay visión, la gente perece.

PROVERBIOS 29:18

Platón no usó la palabra, pero sospecho que hubiera valorado nuestro término moderno en inglés *murky* (nebuloso, turbio) para describir una situación. La palabra proviene del inglés antiguo *myrk*, que significa «oscuridad». Pero también cuando la escuchamos hay una fuerte sensación de tierra, de lo lodoso. Eso tiene sentido, porque la oscuridad contra la cual luchamos mientras estamos en la Tierra es precisamente ese tipo de oscuridad. San Pablo presenta la versión más conocida de esta idea cuando en la Primera de Corintios nos habla acerca de ver el mundo «como a través de un cristal oscuro». La tierra, según lo da a entender la sabiduría tradicional, es un lugar donde es difícil ver.

Pero la visión que la vida terrenal tapa tan radicalmente no es visión física. Es visión espiritual: la visión que nos permite ver dónde estamos en el universo espiritual, así como la visión física nos permite ver dónde estamos en el mundo físico.

Hace doscientos años, cuando la visión científica y moderna del mundo todavía estaba en su infancia, al poeta William Blake se le ocurrió un nombre para el rechazo por parte de la comunidad científica de ver y reconocer el lado espiritual del mundo. Llamó Visión Única a ese rechazo, y a la filosofía surgió junto con él.

> *Ahora tengo una visión doble...*
> *Que Dios nos libre*
> *De la visión única y del sueño de Newton.*

El «Newton» al que Blake es el matemático, físico y formulador de la ley de la gravedad, sir Isaac Newton. Uno de los más grandes científicos en la historia; quizá el más grande. Pero junto con todos sus logros, también fue culpable de cometer un error. En concordancia con este pasaje escrito por René Descartes, dividió al mundo en un «interior» y un «exterior», y dijo que solo el último era verdaderamente real.

> *Observé que nada en absoluto pertenecía a la naturaleza de la esencia corpórea salvo que fuera una cosa con largo y ancho y profundidad, permitiendo varias formas y varios movimientos. También encontré que sus formas y movimientos eran únicamente modos, que ningún poder podría hacer que existieran por separado de ella; y por otro lado que los colores, olores, sabores y el resto de tales cuestiones eran simples sensaciones que existen en mi pensamiento y difieren de los cuerpos en una medida no menor en la que el dolor difiere de la forma y el movimiento del instrumento que lo ocasiona.*

Una vez que la ciencia hubiera medido todo en el mundo material «exterior», Newton y otros científicos de su época creyeron que sabrían todo lo que había por saber. Dejaron la conciencia fuera del panorama. ¿Por qué incluirla? Usted no la podía encontrar. No podía dar con ella y medirla. No podía pesarla. Así que eso seguramente significaba que no era real.

Nuestro mundo sigue construido sobre esa antigua distinción entre la materia (el mundo «de allá afuera») y la mente (el mundo «de aquí adentro») que estableció Descartes. «Para bien o para mal —escribe el psicólogo Lawrence LeShan en su libro de 2013, *Una nueva ciencia de lo paranormal*— esta es una cultura científica. Escuchamos a líderes religiosos, gurúes y políticos, pero las personas que creemos que dicen la auténtica verdad son los científicos».

La Shan luego se pregunta qué podría pasar si —lo que creo que es inevitable— la ciencia empieza a tomar al mundo espiritual en serio.

> *Pronto se volvería del dominio público —como cuando usamos la frase «todo el mundo lo sabe»— que el ser humano es más de lo que muestran los sentidos y que no estamos atrapados permanentemente dentro de nuestra propia piel. Pero estos hechos realmente no nos han afectado. No constituyen una amenaza al mundo habitual de nuestros sentidos. Las paredes de nuestras vidas no se caen de golpe. Sigo como era antes, tras aprender que este escritorio aparentemente sólido en el que me recargo es simplemente un espacio vacío con áreas de masa, carga y velocidad que se mueven con rapidez dentro de él, que está compuesto por un «espacio vacío don-*

de se aparecen singularidades», para usar la frase de Werner Heisenberg.[9]

Nos despertaremos del sueño de Newton.

Estimado doctor Alexander:
El 19 de agosto de 1999, mi papá llevaba trece días en la unidad de enfermos terminales del hospital de nuestra localidad. Había tenido una serie de derrames que lo había dejado imposibilitado para responder. Tras mucha discusión con sus doctores, fue decisión de la familia «dejar que se fuera».
Mis tres hermanos y yo estuvimos al lado de su cama 24 horas al día, siete días a la semana durante esos últimos días. Alguien siempre estuvo en el cuarto con él. Alrededor de las cuatro de la mañana, empezó con ese patrón de respiración específico que te permite saber que se acerca el fin. Habíamos esperado que ocurriera antes, pero mi papá era fuerte y no tenía prisa por irse.
La habitación estaba completamente oscura excepto por una pequeña luz de noche que estaba integrada a la pared e iluminaba una pequeña área del piso. Estábamos en el piso sexto o séptimo, de modo que ninguna de las luces de la calle estaba brillando por las ventanas de la habitación.
Papá tomó su último aliento. Sus pies y manos estaban frescos. Yo estaba sentado como a treinta centíme-

---

[9]. LeShan, *Una nueva ciencia de lo paranormal*, 81-82.

tros de distancia de la cama, con la cabeza descansando en las palmas de mis manos y mi codo sobre la rodilla. Él estaba volteado hacia mí, con su cabeza a no más de treinta centímetros de la mía. Cuando estaba a punto de levantarme y estirarme y hablar con mi hermano y mis hermanas, algo me llamó la atención. Parecía que un poco de polvo se había instalado en la sien de papá. Luego pensé: ¿cómo puedo ver este «polvo»? ¡El cuarto está casi negro y sin embargo puedo ver esto! ¿Cómo está iluminado? Volteé a mi alrededor en busca de alguna fuente de luz que pudiera estar iluminando la cabeza de papá, pero no había ninguna.

Cerré los ojos para descansarlos por un momento, me los froté con los dedos y los abrí: y el polvo seguía ahí, todavía visible de alguna manera. Me acerqué lentamente mientras pensaba que tendría que irse flotando. Pero no lo hizo. Luego, mientras yo lo miraba, ¡algo empezó a liberarse del lado de la cabeza de mi papá! Mis ojos se abrieron mucho y respiré muy despacio, mientras trataba de entender lo que estaba viendo...

Una pequeña esfera, no más grande que medio centímetro, muy lentamente subió desde abajo de la sien de mi papá hasta la superficie. Era del color de ese hermoso azul intenso que uno encuentra en la base de la llama de una vela. Emitía rayos blancos. Me recordaron a las luces de bengala del 4 de julio, pero las chispas se estaban emitiendo en cámara lenta. Después de quizá un minuto, ya había aflorado la esfera completa y parecía estar descansando sobre la sien de mi papá. Un pequeño globo azul que irradiaba rayos blancos luminosos.

Tras unos cuantos segundos, la esfera levitó a unos sesenta centímetros lentamente por encima del cuerpo de papá y planeó ahí durante unos cuantos segundos. Luego lentamente se dejó ir más arriba y hacia el lado oeste de la habitación (de hecho, fue más que dejarse ir: parecía querer ir en una dirección específica), y luego se elevó y llegó hasta el techo y se fue.

Yo todavía estaba sentado en mi silla, que estaba volteada para poder ver hacia donde partió la esfera. Volteé, esperando que alguien dijera algo, pero nadie lo hizo. No quería hacer ninguna pregunta que hicieran que yo pusiera palabras en las bocas de mis hermanos, así que simplemente pregunté: «¿Acaba de pasar algo?». Mi hermana dijo: «¿Te refieres a esa luz que acaba de salir del lado de la cabeza de papá?».

Creo que Shakespeare estaba en lo correcto cuando dijo: «Hay más cosas en el cielo y en la tierra que todas las que pueda soñar tu filosofía».

David Palmer, Higganum, Connecticut

«¿Acaba de pasar algo?».
«¿Viste eso?».
«¿Sentiste lo que acabo de sentir?».

La gente se hace este tipo de preguntas todo el tiempo en situaciones como la de David: situaciones en las que un ser amado está muriendo y algo inexplicable —algo más que simplemente físico— acompaña el suceso. El método científico exige que un fenómeno sea visible para más de una persona. También exige que el fenómeno sea repetible. Es ahí cuando historias como la de David —y son increíblemente comunes— se vuelven presa fácil para los críticos.

O eso piensa la mayoría de la gente.

Durante mis años de posgrado en el Centro Médico de la Universidad de Duke en Durham, Carolina del Norte, con frecuencia pasaba frente a un pequeño edificio modesto cerca del campus llamado el Instituto de Parapsicología (ahora llamado Centro de Investigación Rhine). Jamás pensé mucho en él. Sin duda todo tipo de personas bienintencionadas estaban trabajando duramente en su interior, pidiéndole a sujetos de estudio que adivinaran qué cartas aleatorias estaban sacando de una baraja y cosas por el estilo.

Este tipo de experimentos efectivamente se estaban realizando dentro de las paredes del Centro Rhine. Lo que yo no sabía era que esos experimentos, y otros como ellos, llevados a cabo en instituciones pequeñas pero respetables establecidas dentro de universidades en los Estados Unidos, Canadá, el Reino Unido y otras partes, han dejado en claro, más allá de la más leve probabilidad estadística, que la telepatía, la precognición y fenómenos similares de la conciencia no-local son reales.

¿Pero qué ha pasado con este descubrimiento? Como lo señala LeShan, muy poco. El problema no es si existen los fenómenos cuya explicación está más allá de la habilidad de la ciencia materialista. Existen. El problema es llevar esta noticia hasta nuestros huesos. Hasta nuestra sangre. El problema es convertirnos en algo distinto a lo que éramos. El problema es realmente *transformarse*.

Siempre hemos sabido quiénes somos. Este conocimiento ha aflorado, se ha hundido hasta dejar de ser visto y ha resurgido más veces y en más lugares de los que cualquiera pudiera contar. Es tan antiguo como el paleolítico (la antigua edad de piedra, de hace unos treinta mil años), cuando nuestros antepasados ya estaban enterrando a sus seres amados en posición fetal, adornados con flores y conchas, para dar a entender que, aunque sus cuerpos estuvieron enterrados en la tierra, volverían a nacer en un mundo más allá. Y es tan reciente como la confirmación experimental de 2014 del teorema de 1964 del físico John Stewart Bell que los pares de partículas separadas por millones de años luz se moverán instantáneamente en conjunto el uno con el otro, pues el tiempo y la distancia en sí son ilusiones.

Siempre hemos vivido en el universo real. Eso nunca ha cambiado. Nosotros somos los que hemos cambiado una y otra vez. Somos los que nos hemos alejado de ese universo real, hemos regresado a él y hemos vuelto a alejarnos. Pero nunca hemos estado tan lejos, durante tanto tiempo, como ahora. Ahora todo el mundo sabe las consecuencias de tratar a la naturaleza como un objeto, como una cosa muerta que podemos manipular a nuestro antojo. Sabemos —desde el punto de vista físico— que como planeta estamos en serios problemas. Pero no todos saben que la solución a este problema tendrá que ser espiritual así como material, que tenemos que cambiar no solo la forma en la que vivimos, sino lo que pensamos acerca de esas tres grandes preguntas que las personas que vinieron antes que nosotros fueron lo suficientemente inteligentes como para nunca perder de vista. ¿Por qué? Porque la única forma de vivir felizmente en la Tierra es ante la luz del cielo. Vivir sin cielo es ser un esclavo de nuestro anhelo suprimido por la completud que el conocimiento de su existencia proporciona. No es difícil ver cómo ese anhelo suprimido ha llevado a tantos hasta los excesos que han convertido a nuestro planeta en el lugar tan profundamente dañado y amenazado que es hoy.

***

¿Alguna vez ha visto a un zorro en la naturaleza? Como oriundo de Carolina del Norte he visto a varios, y siempre son algo hermoso de presenciar. Visualizar un animal como ese es una excelente manera de entender lo que nos dieron Newton, Galileo, Descartes y los otros arquitectos de la nueva visión científica del mundo, que nació en el siglo XVI, y también lo que nos quitaron.

Imagínese lo que un campesino o una campesina de la Edad Media veía cuando miraba un zorro. El animal en sí estaba ahí, pero también había una enorme masa de asociaciones bíblicas, mitológicas y folclóricas que no necesariamente iban de acuerdo con él. El zorro era astuto, sensual, deshonesto, pecador… Toda clase de cosas humanas que abiertamente no era, pero que un individuo de esta época, entrenado en gran parte para ver a la naturaleza a través de la lente de la Biblia, no podía dejar de ver en él.

Cuando la ciencia quedó bien establecida el siglo XVI, causó una ruptura revolucionaria con todas esas antiguas asociaciones. Los zorros, cubrieron los pioneros de la era de la ciencia, no eran seres arteros, sensuales y pecadores. Son animales, miembros caninos de la clase de los mamíferos, que habitan un rango de tales a tales territorios y tienen un periodo de gestación de determinadas semanas. Pero ya no eran pecadores sinvergüenzas antropomórficos.

Aristóteles usó la lógica para pensar acerca del mundo, pero no usó el método científico. No salió a probar. (Como mencionamos antes, debemos agradecerles a los alquimistas inventar los rudimentos del aspecto experimental del método científico que la ciencia moderna finalmente adoptó). En el pasado, nadie se había molestado en disecar un zorro, en comparar la estructura de su cráneo con la de otros carnívoros, en ver cómo su corazón o su hígado o sus intestinos diferían o no diferían de los de una vaca, un ganso o un ser humano. Los padres de la Revolución Científica llevaron un paso más adelante al espíritu aristotélico de la observación directa. Ya no solo miraban el mundo y pensaban al respecto: lo deshacían, hasta separar incluso su pieza más pequeña.

Además de ser tremendamente útil, esta manera valiente y nueva de mirar el mundo también era profundamente honrada. *Respete la realidad del mundo físico, nos dice este enfoque. No se pierda en algún sistema religioso imaginario y dogmático que le pega significados imaginarios al mundo y a las cosas que hay en él. Salga e investigue ese mundo por sí mismo y descubra lo que realmente es.*

Y todo eso es maravilloso. Pero, por supuesto, sabemos lo que ocurrió al poco tiempo. Fuimos demasiado lejos. Junto con los avances de la ciencia moderna —poder estudiar un animal como un zorro y verlo en una forma realmente compleja y sofisticada— también adoptamos la actitud de que el mundo y todo lo que hay en él no es más que objetos que habremos de capturar, matar, disecar y, lo más importante, *usar*. Al poco tiempo, los zorros —junto con todo lo demás en el mundo— empezaron a ser vistos por su valor material y solo eso. El zorro se convirtió en un depredador de pollos y otro ganado, el portador de una piel que era valiosa como prenda, un animal útil en números limitados como objeto de un deporte... y no mucho más.

Pero un zorro es mucho más que eso. Es una criatura multidimensional cuya forma actual es física pero cuya naturaleza verdadera es espiritual.

Igual que nosotros.

Tras la muerte, un hombre sigue siendo un hombre.[10]

EMANUEL SWEDENBORG

---

10. TCR 792, citado en Van Dusen, *La presencia de otros mundos*, 72.

Volviendo a esa visión multidimensional —esta habilidad de ver zorros, a nosotros mismos y a todo lo demás que hay en la Tierra dentro del contexto del universo espiritual— es la esencia de la nueva visión, ese maridaje de ciencia y espíritu que al fin viene en camino. Es una visión del mundo que no es «religiosa» en el sentido antiguo, pesado y dogmático de la palabra, ni tampoco «científico» en el sentido reductivo, materialista y deshumanizador de la palabra. Una manera de ver el mundo que es capaz de medirlo, de estudiarlo científicamente, pero sin perderse en la terrible unidimensionalidad del punto de vista puramente materialista.

Incluso antes de nuestro momento actual había científicos que entendían que el racionalismo necesitaba renacer si es que pretendía llegar a ser realmente útil. El escritor del siglo XVIII, Johan Wolfgang von Goethe, un gran poeta y también uno de los padres de la ciencia moderna, probablemente tuvo en mente las antiguas religiones del misterio cuando escribió estas líneas famosas: (…) *Mientras no haya experimentado esto: morir y así crecer, es solo un turbado huésped en esta tierra oscura.*[11]

Incluso en el mundo científico de hoy, Goethe da a entender con esas líneas que debemos ser iniciados. Sin la iniciación hacia el conocimiento de nuestras verdaderas identidades y del lugar del que verdade-

---

11. De «El anhelo sagrado», de Johann Wolfgang von Goethe, traducido del alemán por Robert Bly.

ramente venimos, perdemos el rumbo. Para aquellos cegados por esta falta de conocimiento, el mundo se convierte en un lugar en verdad muy oscuro.

Cuando el gran científico y matemático Blas Pascal murió en 1662, se encontraron con esta nota cosida a su chaqueta:

El año de gracia 1654
Lunes, 23 de noviembre, vigilia de San Clemente,
Papa y Mártir, y otros del martirologio.
Noche de San Crisóstomo, Mártir y otros.
Desde aproximadamente las diez y media de la noche,
hasta aproximadamente las doce y media.
Fuego.
Dios de Abraham, Dios de Isaac, Dios de Jacob,
No el Dios de filósofos y sabios.
Certeza absoluta. Más allá de la razón. Alegría. Paz.
Olvido del mundo y de todo, excepto de Dios.
El mundo no de conocido, pero yo te he conocido.
¡Alegría!, ¡alegría!, ¡alegría!. ¡lágrimas de alegría![12]

Gustav Fechner fue un físico respetado del siglo XIX y uno de los padres de la psicología experimental moderna. En su libro *La religión de un científico*, escribió lo siguiente:

Una mañana de primavera salí temprano. Los campos estaban verdes, los pájaros cantaban, el rocío brillaba... Una luz

---

12. Pascal, «El fragmento», citado en Happold, *Misticismo*, 39.

como la de una transfiguración se posaba sobre todas las cosas; era solo un pequeño pedazo de la tierra; era solo un momento de su existencia; y aun así, a medida que mi mirada la abrazaba, me parecía no solo tan hermosa sino tan evidente que era un ángel, un ángel tan rico y fresco, semejante a una flor, y al mismo tiempo tan estable y unificado, moviéndose en los cielos, mientras volteaba por completo hacia el cielo su rostro animado y llevándome consigo hacia ese mismo cielo —tan hermoso y tan verdadero— y me pregunté cómo podían estar tan corrompidas las opiniones de los hombres como para considerar a la tierra solo como un terrón seco y buscar ángeles por separado de la tierra y las estrellas o por encima de ellas en el cielo vacío, y nunca encontrarlos."[13]

Estimado doctor Alexander:
Leí su libro (recibido como regalo de parte de un amigo muy intuitivo e inteligente) con interés, dado que tuve una experiencia inexplicable hace alrededor de un cuarto de siglo, la cual hasta la fecha puedo recordar. No fue una experiencia cercana a la muerte pues no estaba enfermo ni discapacitado en ningún sentido. Venía regresando de la corte (todavía ejerzo como abogado), rumbo a mi coche. Específicamente recuerdo pensar una grieta en la banqueta de cemento y (sin advertencia mi explicación) de repente estuve enteramente consciente de que todo estaba completamente bien. Cuando digo «todo» quiero decir todo como si fuera el término más amplio

---

13. Fechner, *Religión de un científico: Selecciones de Gustav Fechner*, editado y traducido por Walter Lowrie, 153, citado en Anderson, El rostro de la gloria, 156.

que alguien se pudiera llegar a imaginar: incluso (como les gusta decir los abogados) sin limitar la generalidad de lo que antecede, el pasado, el presente, el futuro, el universo, el cosmos, todas las acciones, todos los sucesos, todas las circunstancias que hubo, hay o pudiera llegar a haber. Cuando usted habla de «ultrarrealidad» en su libro, puedo entender de lo que está hablando. La sensación de que todo el universo estaba bien —exactamente como debería estar— era más verdadera, más real y más directa que ninguna experiencia que yo hubiera tenido jamás. Al ser abogado, estoy capacitado para alegar en contra de lo que sea o debatirlo (y de todas maneras tiendo a hacerlo naturalmente), pero esta sensación trascendía cualquier posibilidad de discusión, debate o duda. Al manejar de vuelta a mi oficina, la sensación desapareció tras unos cinco minutos, y nunca regresó.
Kenneth P.

Goethe, Pascal y Fechner no poseían los conocimientos científicos que tenemos hoy, pero cada uno era miembro del mundo moderno y cada uno fue, en su época, un gigante científico en cuyos hombros hoy estamos parados. Lo mismo sucede con el científico del siglo XVII Emanuel Swedenborg. Swedenborg pasó la mayoría de su vida como inspector de minas para Suecia, un trabajo que requería bastantes conocimientos de ingeniería, física y la aplicación práctica de las nuevas técnicas hidráulicas para la extracción profunda del carbón y otros minerales que justo empezaban a utilizarse en Europa en esa época. Swedenborg también era un experto en geometría, químico y anatomista reconocido, así como la primera persona en formular una idea rudimentaria de lo que realmente hace el cerebelo, la porción del cerebro que es responsable, en buena medida, de la coordinación motriz. Era, como quiera que se le vea, un genio.

Swedenborg tenía un interés especial en el cerebro y dedicó muchos años a tratar de aislar el área principal de la conciencia: la ubicación física de lo que, en su época, todavía se llamaba el alma. Luego, a la mitad de su vida, Swedenborg descubrió (como lo expresó Wilson Van Dusen, psicólogo y estudioso de Swedenborg) que había estado «buscando en el lugar equivocado». Swedenborg atravesó una crisis espiritual. Una serie de sueños aterrorizantemente vívidos finalmente lo llevó hasta un momento en el cual los propios cielos parecieron abrirse. El mundo antiguo de Swedenborg se quebró, se desplomó y se colapsó. Uno nuevo surgió en su lugar.

Swedenborg dedicó el resto de su vida a estudiar y catalogar los mundos espirituales que había descubierto, con el mismo rigor que antes había dedicado a estudiar el mundo físico. Swedenborg fue el primer científico moderno en tratar al cielo como un verdadero lugar, y el primero en tratar de hacer un mapa de él.

Tras cultivar un estilo de «observación interna» durante el cual entraba en una especie de trance meditativo, Swedenborg catalogaba una amplia serie de mundos, de los cuales escribió con abundante detalle. Estos escritos con frecuencia eran bastante disparatados y lo metieron en muchos problemas con sus compañeros científicos y también con los guardianes del cristianismo doctrinario. Los mundos que Swedenborg exploraba tenían personas y árboles y casas. Habló con ángeles y demonios. Describió, con la precisión de un hombre moderno encargado de dar el tiempo que estuviera dando detalles respecto a un frente frío, los climas espirituales de los diferentes mundos que visitó.

La naturaleza específica de cada uno de esos mundos estaba determinada por un factor más que por otros: la cantidad de amor u odio que estuviera presente en ellos. Si usted era una persona definida por el amor, decía Swedenborg, acababa en una de las innumerables zonas espirituales que en conjunto formaban lo que Swedenborg entendía como el cielo. Si lo definía el odio, acababa en el infierno.

Swedenborg creía en la antigua idea del microcosmos en la que cada uno de nosotros es una especie de universo en miniatura. Si miramos dentro de nosotros mismos de la manera correcta, decía, no solo encontraremos un mapa del cielo, sino que encontraremos el cielo mismo. Toda nuestra idea de lo que es «externo» y por lo tanto real, e «interno» y por lo tanto imaginario, está basada en nuestras experiencias aquí en el ámbito material, donde la conciencia tiene como mediador al cerebro y nos movemos dentro de un cuerpo físico, donde nos han lavado el cerebro para que pensemos que esto es nuestra identidad completa. La verdad es que lo que experimentamos como nuestro ser «interno» realmente no está «dentro» de nosotros en absoluto, y cuando alguien como Swedenborg dice que hay mundos enteros «dentro» de nosotros, no está hablando sobre nuestra capacidad de imaginar lugares irreales. Está diciendo que el universo es un lugar espiritual más que uno físico, y que el universo espiritual tiene muchos mundos —«muchas mansiones», como lo dijo Jesús— y que esos mundos son justamente eso: mundos, con nubes y brisas y ciudades y climas y gente. «Mientras más se rinda un hombre ante Dios —escribe Ursula Groll, estudiosa de Swedenborg— y desdoble este "cielo" dentro de sí mismo, más se acerca el humano a Dios y más se convierte en hombre, porque tiene una mayor porción de la conciencia cósmica o del entero que abarca todo».[14] En otras palabras, hacer un mapa del cielo era, para Swedenborg, no solo ciencia legítima; es algo que tenemos que hacer para ser realmente humanos.

El cielo, escribió el místico persa Najmoddin Kobra con un lenguaje que es maravilloso por su franqueza temeraria, no es el «cielo exterior visible». Hay, dijo, «otros cielos más profundos, más sutiles, más azules, más puros, más brillantes, innumerables y sin límite». Sí. Esto es lo que Kobra quiere decir. No está hablando en términos metafóricos. Pero a estas regiones solo pueden entrar las personas que están espiritualmente en armonía con ellas. En los universos más allá del fí-

---

14. Groll, *Swedenborg y la ciencia del nuevo paradigma*, 78.

sico, usted no puede simplemente marchar hasta nuevos territorios y conquistarlos. En vez de eso, tiene que ponerse a tono con ellos, armonizar con ellos, o se mantendrán restringidos. «Mientras más puro se vuelva usted por dentro —escribió Kobra— más puro y más bello es el Cielo que se aparece ante usted, hasta que finalmente camine en pureza divina. Pero la pureza divina también carece de límites. Así que nunca piense que no hay nada más allá de lo que usted haya alcanzado, nada incluso más elevado».[15]

Sé que los místicos como Kobra y los místicoscientíficos como Swedenborg están en lo correcto. El cielo no es una abstracción; no es un panorama de ensueño inventado a partir de ilusiones vacías. Es un lugar tan real como la habitación o el avión o la playa o la biblioteca donde usted esté en este momento. Tiene objetos dentro de sí. Árboles, campos, gente, animales… incluso (si decidimos escuchar el Libro del Apocalipsis o al visionario persa del siglo XII Suhrawardi o al filósofo y místico árabe del siglo XII Ibn 'Arabi) auténticas ciudades. Pero las reglas de cómo funcionan las cosas allá —digamos, las leyes de la física del cielo— son distintas a las nuestras. La única regla que necesitamos recordar desde aquí; sin embargo, es que al final acabamos donde pertenecemos, y nos guía la cantidad de amor que tengamos dentro de nosotros, pues el amor es la esencia del cielo. De eso está hecho. Es la moneda del reino.

---

15. Citado en Corbin, *El hombre de luz en el sufismo iraní*, 60.

Somos inteligentes al aplicar este principio también a nuestras vidas terrenales: a amarnos realmente como los seres divinos y eternos que somos, y transferir ese amor a nuestros compañeros, los demás seres, y a toda la creación. Al servir como conductos para el amor incondicional del Creador por la creación, al mostrar compasión y clemencia, traemos energía sanadora de capacidad infinita a todos los niveles de este ámbito material.

También es por eso que la principal característica que se requiere por parte de nosotros si es que deseamos echar un vistazo a esta zona mientras estemos vivos en la Tierra, no es gran intelecto ni gran valentía ni gran astucia, a pesar de lo buenas que son todas estas cualidades. Lo que se requiere es honestidad. Uno se puede acercar a la verdad en mil maneras distintas. Pero dado que, como el propio Platón lo dijo, los semejantes se atraen, lo que necesitamos más que ninguna otra cosa para poder comprender la verdad es ser honrados nosotros mismos y sinceros respecto a la bondad y la indisciplina que operan dentro de nosotros. Sobre esto, voces tan dispares como las de Buda, Jesús y Einstein son unánimes. Los semejantes se entienden. El universo está basado en amor, pero si no tenemos amor dentro de nosotros mismos, el universo quedará cerrado para nosotros. Pasaremos nuestras vidas declarando triunfalmente que el mundo espiritual no existe porque no hemos despertado el amor en nosotros mismos que por sí solo permitiría que nos fuera visible este hecho tan obvio. Usted no puede llegar con deshonestidad hasta la verdad. Usted no puede acercarse a ella mientras se diga mentiras o a otros. Usted no puede acercarse si solo porta una tajada fina y superficial de sí mismo y deja atrás a su ser más grande y profundo. Si quiere ver el cielo completo, tiene que presentarse usted completo, o mejor quédese en casa.

CAPÍTULO 4
El regalo de la fuerza

Una vez una tigresa atacó un rebaño de cabras. Un cazador la vio a distancia y la mató. La tigresa estaba embarazada y dio a luz a un cachorro al momento de fallecer. El cachorro empezó a crecer en compañía de las cabras. Al principio lo amamantaron las cabras hembras y, más adelante, conforme creció, empezó a comer pasto y balar como las cabras. Gradualmente el cachorro se convirtió en un tigre grande; pero todavía comía pasto y balaba. Cuando lo atacaban otros animales, se iba corriendo, igual que las cabras. Un día un tigre de aspecto feroz atacó al rebaño. Se sorprendió de ver un tigre dentro del rebaño que estaba comiendo pasto y corriendo junto con las cabras cuando él se acercó. Dejó a las cabras y atrapó al tigre que comía pasto, el cual empezó a balar y trató de escapar. Pero el tigre feroz lo arrastró hasta el agua y le dijo: «Ahora mira tu cara en el agua. Mira, tienes la cara de un tigre; es exactamente como la mía». Luego le metió un pedazo de carne en la boca. Al principio el tigre que comía pasto se negó a comer la carne. Luego percibió el sabor de la carne y lo deleitó. Por fin el tigre feroz le dijo al que comía pasto: «¡Qué vergüenza! ¡Viviste con las cabras y comiste pasto como ellas!» Y el otro se apenó mucho.[16]

SRI RAMAKRISHNA, SABIO HINDÚ DEL SIGLO XIX

---

16. De *El evangelio de Sri Ramakrishna*.

Cuando era niño, me encantaba Superman, en especial la serie de televisión en blanco y negro de los años 50 estelarizada por George Reeves. Al igual que les pasa a muchos otros niños con sus superhéroes favoritos, no solo admiraba al Superman de Reeves. Me identificaba con él. A los seis o siete años, si entraba, con una capa hecha con un trapo de cocina metido en el cuello de mi piyama, a un cuarto donde mis hermanas estuvieran ocupadas con otros asuntos y no me pusieran atención de inmediato, me reía para mis adentros. ¿Acaso no se daban cuenta de quién estaba justo aquí en su entorno?

Pero no solo era la fuerza de Superman, su capacidad de volar ni su visión de rayos X lo que me atraía, aunque estas eran cosas en verdad buenas. Era que Superman *venía de otro lado*. Aunque hacía un trabajo lo suficientemente bueno en cuanto a encajar con el resto de la humanidad, Superman no era de la Tierra. Al igual que el tigre de la historia del sabio hindú Ramakrishna que anteriormente se mencionó, vivía en un mundo donde se suponía que tenía que creer que era un tipo de ser, a pesar de que todo el tiempo, bajo la superficie, había sido alguien más.

Por supuesto, yo no era el único niño en el mundo que adoraba a Superman. También tenía bastantes amigos en la escuela que eran admiradores de otros superhéroes. El Hombre Araña, El Hombre de Hierro, Hulk. Sin embargo, cuando recuerdo (y mientras, noto el resurgimiento de la popularidad de estos héroes entre los niños de hoy), me doy cuenta de que prácticamente todos estos personajes tenían temas centrales similares también. Estos eran personajes que tenían una identidad secreta. El mundo creía que eran una cosa, pero en realidad eran otra.

«El hombre es un dios en ruinas», escribió Ralph Waldo Emerson, como es bien sabido, en su ensayo «Naturaleza», y aunque esto suene negativo, realmente solo estaba planteando justamente lo que Ramakrishna expresó en la historia que dio inicio a este capítulo: que somos algo extremadamente grande que por error ha llegado a creer que es muy pequeño. Cuando volvemos a aprender a evaluarnos de nuevo de esta manera, nos volvemos más fuertes. Y quiero decir mucho más fuertes.

Los psicólogos de fines del siglo XIX hicieron un descubrimiento muy interesante: cuando reprimimos la verdad, sufrimos por ello. Si en el fondo sabemos que algo es cierto pero nos la pasamos simulando que no lo es, se crea un conflicto; y este conflicto, a su vez, evita que las diferentes partes de nosotros se comuniquen entre sí de manera eficaz. Partes de nosotros quedan separadas e ignoradas. Y mientras más ignoradas son, más se enojan, más se frustran. Un hombre no puede atender a dos amos, dijo Jesús, y una casa dividida contra sí misma no se mantendrá en pie. Al decir esto, Jesús no solo hizo una de las declaraciones espirituales más grandes, sino también una de las declaraciones psicológicas más grandes.

«El creyente —escribió el sociólogo francés Emile Durkheim (1858-1917)— no es simplemente un hombre que ha visto nuevas verdades que el no creyente ignora; es un hombre que es *más fuerte*. Siente más fuerza dentro de sí, ya sea para tolerar las duras pruebas de la existencia o para sobreponerse a ellas. Es como si hubiera sido elevado por encima de las miserias del mundo, porque se ha elevado por encima de su condición de ser un simple hombre».[17]

La fe mueve montañas. Pero hoy nos dicen que aunque la fe ciertamente es útil desde un punto de vista pragmático, en realidad tendríamos que ser muy ingenuos como para tener semejante creencia. Debemos suprimir nuestro lado aristotélico realista y dejarnos llevar hasta nuestro lado platónico interno y soñador. En pocas palabras, nos tenemos que engañar. La «ciencia» ha dictaminado que es imposible el verdadero optimismo respecto a quiénes somos y a dónde vamos.

Esa es una razón por la cual muchos lectores con experiencia científica quedaron tan atónitos ante el título *La prueba del cielo*. «Simplemente no puedes *comprobar* esa clase de cosa», dijeron.

Lo interesante es que muchos lectores que se acercaron al libro con un punto de referencia religioso coincidieron. La fe, alegaron, y los sujetos de la fe (el cielo, un Dios amoroso), no son sujetos de experimentación para comprobar. Tomar un asunto espiritual e intentar demostrarlo por métodos solo apropiados para si-

---

17. Durkheim, *Formas elementales de vida religiosa*, citado en Hardy, *La naturaleza espiritual del hombre*, 8.

tuaciones físicas —reducir los asuntos espirituales elevados al estatus de un proyecto de química— es extremadamente arrogante.

Estoy de acuerdo. Los asuntos espirituales nunca pueden probarse o refutarse con el estilo antiguo y agresivo de la ciencia que se originó en el siglo XIX. ¿Pero qué tal si nos aproximamos a estos asuntos con un acercamiento científico distinto? ¿Con uno que no esté basado en arrebatar sino en preguntar? ¿Un acercamiento que podrían haber aprobado científicos como Pascal, Fechner, Goethe o Swedenborg?

Me parece interesante que, al igual que con esos científicos, si miramos las vidas y enseñanzas de muchos de los más grandes maestros espirituales, el conocimiento y la fe nunca están muy separados. La fe resulta estar mucho más preocupada por la evidencia de lo que frecuentemente notamos. La Epístola a los Hebreos ofrece la declaración más significativa que existe en toda la literatura respecto a la fe y dice que la fe es «la sustancia de cosas esperadas, la evidencia de cosas no vistas».

Sustancia. Evidencia. Estas palabras suenan curiosamente científicas. El hecho es que la ciencia y la fe, las dos maneras de conocer el mundo que han definido nuestra cultura, están mucho mucho más entrelazadas de lo que tendemos a pensar que están. Que todo concepto «fe» esté de un lado de la habitación y «ciencia» esté del otro es una fantasía. El conocimiento humano no sigue líneas tan ordenadas y pulcras, sin importar cuánta gente ordenada y pulcra quisiera que así fuera.

«Para saber, primero debes creer», escribió San Anselmo de Canterbury en el siglo XI. Estaba volviendo a indicar lo que San Agustín, casi un milenio antes, dijo: «Cree para que puedas entender». Sin una fe inicial de que hay un orden en el mundo y que es un orden que podemos conocer, la ciencia no podría averiguar ni siquiera una sola cosa respecto a la verdadera naturaleza del universo. El conocimiento, tal como lo planteó San Anselmo, de hecho sí requiere creer: una creencia basada en la integridad esencial del orden que nos encontramos «allá afuera» en el universo y «aquí adentro» en nosotros. Para entender el mundo, tenemos que creer que el mundo tiene sentido y que está abierto a que lo entendamos. Ese es el componente oculto de fe dentro de toda la ciencia.

Esa es una de las muchas cosas interesantes acerca de la época tan extraña y tan emocionante en la que vivimos justo ahora. Los avances en la ciencia —especialmente en física, pero también en áreas como visualización remota, telepatía y las estructuras ordenadoras superfísicas que biólogos como Rupert Sheldrake han demostrado que están detrás del crecimiento y el comportamiento de organismos vegetales y animales—, sin mencionar la constante y creciente evidencia de la realidad de las experiencias cercanas a la muerte están aproximando cada vez más a la ciencia y a las «cosas no vistas» de las cuales habló Pablo en Hebreos.

En el fondo de todo esto está el entendimiento creciente de que, por más formas que haya de acercarse a ella, solo hay una verdad, no muchas. Y es la verdad del antiguo mundo espiritual con la cual solíamos estar en tan buenos términos, antes de que los argumentos de la religión dogmática y la ciencia dogmática llegaran para ocultarla.

El hecho es que sí podemos comprobar que el cielo existe. El mundo espiritual es real y la gente se lo encuentra todos los días. Usted probablemente lo haya hecho. Y en su interior lo sabe. Pero le han dicho que lo que experimentó como real no era real en absoluto. Ese es el legado negativo de genios como Newton y los otros padres de la Revolución Científica. Pero lo que pasa con la ciencia —la verdadera ciencia— es que cuando algo está mal, cuando una teoría ya no se está sustentando, la ciencia lo ajusta o lo abandona. Ya sea que a la ciencia materialista le guste o no, eso es lo que está sucediendo ahora.

Estimado doctor Alexander:
En 1952, a los ocho años, me diagnosticaron un absceso cerebral. Me hicieron cirugía y después estuve en coma por dos semanas. Durante ese tiempo creo que tuve una experiencia cercana a la muerte. Cuando desperté mi madre estaba a mi lado y le pregunté por qué se veía preocupada. Me explicó lo enferma que había estado y le dije que no tendría de qué haberse preocupado, ya que estuve con la tía Julie. Esta tía abuela había fallecido recientemente. Recuerdo vívidamente haberme sentado en su regazo y haber sido reconfortada por ella. Sí, podría haber sido sueño, pero no lo creo. Aunque han pasado tantos años todavía lo tengo claro en la mente. Me recuperé por

completo y he tenido una buena vida. Su libro, «La prueba del cielo», fue tan similar a mi historia. Se lo tenía que compartir.
JaneAnn Rowley.

El maestro de Platón, Sócrates, como es bien sabido, exhibía esta fuerza —la fuerza que surge cuando realmente le hemos dicho sí al cielo, incluso en contra de la opinión popular— cuando lo sentenciaron a morir envenenado por corromper a la juventud de Atenas. Después de la de Jesús, la muerte de Sócrates es la más significativa en la historia occidental. La descripción de Platón de la tranquilidad heroica —en verdad sobrehumana— con la que Sócrates bebió la cicuta que le administraron sus celadores atenienses, está calificada como una de las escenas más poderosas en la literatura mundial. Morir así, Platón lo sabía, no era algo que uno pudiera lograr simplemente debido a la fuerza de su carácter, aunque Sócrates ciertamente tenía eso. La suprema despreocupación de Sócrates al encarar la muerte era el resultado del conocimiento respecto a lo que la muerte era *realmente*: no un final, sino un regreso a nuestro hogar más verdadero.

En el centro de toda creencia espiritual se encuentra la intuición de que no somos quienes pensamos que somos. Que no solo somos seres hechos de tierra, destinados a caminar durante un tiempo y luego desvanecernos. Las tradiciones espirituales del mundo (y específicamente los componentes de iniciación de esas tradiciones) buscan incansablemente que nos despertemos ante esta intuición, enterrada pero siempre lista para ser despertada. *Tiene razón*, dicen las tradiciones espirituales a través de su acompañamiento rico de mitos y escenarios dramáticos de iniciación, *usted no es quien piensa que es. Usted es algo mucho más grande. Pero para convertirse en ese ser más grande necesita morir como la simple persona terrenal que actualmente es. Debe convertirse en una persona celestial también.* Estas tradiciones nos preguntan lo que mi maestro me preguntó en el primer salto en paracaídas que hice.

¿Estás listo?

CAPÍTULO 5
El regalo de pertenecer

> *Yo mismo creo que la evidencia de Dios reside principalmente en experiencias personales internas.*
>
> WILLIAM JAMES

En los años sesenta, un biólogo marino llamado Alister Hardy, quien hasta ese momento era conocido principalmente por su trabajo relacionado con la biología de la corriente del Golfo, estableció un centro para estudiar el componente «interno» de los seres humanos. Hardy sentía que este componente no había sido explicado exitosamente por la ciencia cerebral. Creía que la mente era más que solo el cerebro y quería averiguar qué le podría decir la gente común al respecto.

Hardy y su equipo enviaron una serie de cuestionarios y juntaron más de tres mil reportes de personas que habían estado en contacto directo con esta dimensión interna. Hardy estaba abierto a escuchar a cualquiera que tuviera una historia legítima que contar, y su única advertencia era que le interesaba la gente común que hubiera tenido una experiencia como tal:

nada de sermones, de panfletos ni de intentos por convencer a Hardy o a sus socios de tal o cual verdad dogmática religiosa. A Hardy le interesaban los datos, no la propaganda. Era un verdadero científico, un buscador de la verdad. Simplemente eligió buscarla en un campo donde la mayoría de sus colegas científicos creían que no había ninguna.

Hardy jamás hizo creer que el trabajo que estaba haciendo fuera científico de acuerdo a las normas de un laboratorio. Sabía que los reportes que recibiría no contendrían nada que usted pudiera aislar en un vaso de precipitados o medir en una báscula. Pero eso, sentía Hardy, no importaba. Al atreverse a sentirse así, estaba siguiendo directamente los pasos del filósofo y psicólogo estadounidense William James (1842-1910), hermano del novelista Henry James. William James había revolucionado la exploración científica de los fenómenos espirituales con su libro *Las variedades de la experiencia religiosa* (1902). En *Variedades* y otros libros, James hizo la sugerencia vanguardista de que, aunque fuera imposible atrapar las experiencias espirituales y examinarlas en un laboratorio, eso no significaba que no fueran reales.

No era sorprendente, dado que era psicólogo, pero a James le interesaba escuchar lo que pudiera decir la gente que hubiera tenido experiencias psicológicas inusuales y tratar lo que dijeran con seriedad. No ciegamente y sin sentido crítico, no dentro del marco de algún dogma religioso moralista, sino como piezas potenciales del rompecabezas de quiénes y qué somos en realidad. Su *Variedades de la experiencia religiosa* está repleto de descripciones de primera mano de las experiencias místicas de todo el mundo desde los místicos más venerados (Santa Teresa de Ávila, San Juan de la Cruz) hasta personas completamente comunes. James, quien casi estaba solo en esa época, detectó que estos individuos muy distintos habían tenido experiencias de la dimensión espiritual que eran sorpresivamente similares, tanto en su contenido como en el efecto que tuvieron sobre las personas que las atravesaron. A diferencia de otros psicólogos de su época, James no vio, dentro de experiencias psicológicas/espirituales inusuales, patologías que necesitaran ser arregladas, sino pistas de más grandes visiones panorámicas de las posibilidades humanas: insinuaciones de lo que los humanos podrían ser después. El «movimiento para el potencial humano» lanzado de manera sincera en los sesenta, en gran parte le debe su existencia a él.

James tuvo muchos detractores; sin embargo, fue una figura enormemente importante en su época. Pero con la llegada del siglo XX y el giro agresivo hacia la psicología empírica intensa (estudiar ratas en laberintos, disecar cerebros y otras actividades igual de concretas), el tipo de exploraciones sutiles de las cuales James había sido pionero sufrieron desprestigio. ¿A quién le importaba lo que algunos neuróticos muy tensos quisieran decir respecto a ver que los cielos se abrían o a hablar con espíritus? Claramente solo lo estaban inventando.

Hardy era un integrante de media docena de valientes almas científicas que, a mediados del siglo XX, sintieron que la perspectiva de la cual James fue pionero era el verdadero futuro de la psicología, y que olvidarlo sería un error desastroso. Hardy estaba particularmente interesado en las experiencias de un visionario holandés llamado Jakob Boheme (1575-1624). Un día, mientras veía cómo se reflejaba un rayo de luz solar en un plato de pewter, Boheme experimento una visión de la estructura del mundo. Una experiencia similar pero incluso más intensa ocurrió varios años después. Durante ella, Boheme escribió: «La puerta se abrió ante mí y en un cuarto de hora vi y aprendí más que si hubiera estado muchos años en una universidad...».[18]

Boheme no era un místico con ojos soñadores que estuviera encerrado en un monasterio. Era un zapatero. No hay nada más correspondiente a este mundo que hacer zapatos. ¿Cómo podría un individuo con los pies bien puestos en la tierra como él asegurar que aprendió más en quince minutos que en muchos años en una universidad?

Probablemente no sea sorprendente descubrir que algunas de las autoridades eclesiásticas de la localidad no estuvieron contentas cuando Boheme empezó a escribir acerca de lo que le fue revelado durante esos momentos de visión. La religión dogmática no está

---

18. Citado en Bucke, *Conciencia cósmica*, 181-182.

abierta a que las personas tengan acceso directo a esos ámbitos más elevados. Pero siempre ha habido corrientes dentro de las religiones del mundo que sí están abiertas a esta posibilidad, al igual que algunas corrientes dentro de la ciencia. Hardy había notado que la vida de la persona común promedio con frecuencia incluye esta clase de momentos extraordinarios, pero que estas personas no hablan al respecto porque no creen que las tomarán en serio. Él quería llegar hasta la médula de lo que fueran esos ámbitos y estaba listo para creerle a la gente que hubiera tenido experiencias con ellos.

Este mundo no era vago y abstracto, sino fantásticamente poderoso. Hardy escribió:

> *En ciertos momentos en su vida, mucha gente ha tenido experiencias trascendentales específicas, percibidas profundamente, que le ha hecho cobrar conciencia de la presencia de este poder. Cuando llega, la experiencia siempre ha sido bastante diferente que ningún otro tipo de experiencia que hubiera tenido jamás. No necesariamente la describe como sensación religiosa, ni le ocurre solamente a aquellos que pertenecen a alguna religión institucional o que realizan acciones corporativas de veneración. Con frecuencia le ocurre a niños, a ateos y agnósticos, y generalmente provoca dentro de la persona en cuestión una convicción de que la vida cotidiana no es la realidad entera: que hay otra dimensión de la vida.[19]*

---

19. Hardy, *La naturaleza espiritual del hombre*, 1.

Reportes de experiencias de iluminación como esta—así como otras de todo tipo— llegaron por montones a la oficina de Hardy. Parecía que no solo muchas personas hubieran atravesado experiencias como estas, sino que muchas además habían estado esperando a que alguien con la trayectoria de Hardy les preguntara acerca de ellas. Estaban tanto aliviadas como jubilosas porque al fin un científico auténtico hubiera expresado interés en lo que les había sucedido. Muchos le dijeron a Hardy lo que tanta gente me ha dicho: «Jamás le había contado esto a alguien».

Estimado doctor Alexander:
Leí su libro el sábado en cuatro horas. Una vez que empecé a leerlo, me fue imposible soltarlo.

Tras vivir durante 50 años sin experimentar la muerte de un pariente cercano, empecé un periodo de dos años dentro del cual perdí a siete personas que habían sido extremadamente cercanas a mí. Me había inquietado un incidente durante la primera muerte, la de mi exsuegra, Ann. Mi exesposo estaba en Afganistán y trataba desesperadamente de regresar para estar a su lado. Se requería un proceso de cuatro días para que él pudiera volver a Estados Unidos. Como no había otros miembros de la familia que estuvieran vivos (además de mis hijas, a quienes consideramos demasiado jóvenes) me pidieron estar con ella en caso de que falleciera antes de que su hijo llegara, e inmediatamente me fui a su lado.

Se estaba muriendo de enfisema y su mente estaba completamente intacta para sus 82 años de edad. Solo po-

día hablar muy quedito y tenía que susurrarme al oído para comunicarse. Me dijo muchas cosas acerca de incidentes de hace muchos años. Se sabía el nombre de sus nietas. Sabía que su hijo estaba en camino y sabía quién era yo. Dedicamos el primer día a «reestablecer lazos» dado que habían pasado diez años desde la última vez que la había visto. Me agradeció por ser «la persona» que estuviera con ella en ese momento. Estaba muy preocupada por su cabello y su apariencia. Traía puesto un sombrero rojo cuando llegué e incluso cuando parecía que estaba dormida alzaba la mano para asegurarse de que el sombrero estuviera colocado correctamente sobre su cabeza. Hizo esto al menos unas diez a quince veces al día mientras estuve ahí. Fuera de eso, parecía seguir lo que ahora sé que es el transcurrir normal de una muerte inducida por enfermedad terminal. Dejó de comer, luego de beber, tuvo un estallido de actividad cerebral, etc.

El día que murió, alrededor de media mañana, me preguntó cuándo iba a llegar su hijo. Le dije que faltaban dos días más y al instante su rostro mostró angustia. Expresaba que no podía esperar tanto. Me jaló para acercarme a ella me dijo que su madre y su hermano estaban ahí para llevársela (ambos habían muerto antes que ella) y que querían que ya se fuera. Sin saber de dónde salían las palabras, me acerqué y le susurré que si estaban ahí para llevársela, debería irse, porque así como estaba viendo de nuevo a su madre y a su hermano, también volvería a ver a su hijo. Sonrió con la sonrisa más pacífica que jamás he visto… Su sonrisa me dijo tantas cosas a la vez.

¡Mis hijas llegaron esa tarde y llenaron su habitación con la Navidad! Sonrió con esa misma sonrisa mientras miraba el árbol, el hombre de nieve y las luces que trajeron. Después de un rato ellas se fueron y solo estábamos ella y yo de nuevo. Se quedó dormida por un rato y yo también. Me desperté alrededor de las once de la noche y vi a mi suegra platicar con alguien al pie de su cama. Yo estaba sentada junto a ella, justo a la altura de su pecho. No había nadie ahí. Se quitó su sombrero rojo, como si se lo fuera a entregar a alguien, y luego, con renuencia, lo acercó a sí misma; lo alejó de nuevo, lo soltó, y vi cómo aterrizó en su regazo. Sonrió con esa sonrisa de nuevo y se inclinó hacia atrás y se quedó dormida y yo también, y dejamos el sombrero ahí en su regazo.

Me desperté de nuevo alrededor de la una de la mañana y lo primero que noté fue que sus pies estaban justo junto a mí. Había muerto y se había dado la vuelta en la cama de un lado al otro mientras sucedía. Su rostro tenía un aspecto muy «atormentado». Ya no estaba el sombrero. Las enfermeras inmediatamente iniciaron su rutina y le retiraron la vestimenta, la ropa de cama, y luego la envolvieron en una sábana y la volvieron a colocar en la cama. Me dieron bolsas de plástico transparentes y me dieron la instrucción de empezar a empacar sus cosas. Lo hice. Me ayudaron.

A las dos de la mañana mi exesposo llamó. Hablé con él durante 45 minutos. Decidimos esperar y decírselo a nuestras hijas en la mañana. Tras colgar el teléfono, estaba parada afuera de su cuarto con sus cosas en las bolsas y vi que estaba nevando… una nevada extremada-

mente intensa. Como vivía a 30 minutos de distancia en la parte de arriba de las montañas, no quise hacer un intento por manejar a casa. Mi esposo había salido de la ciudad y no quería llamar a alguna de mis hijas porque tampoco quería que estuvieran manejando en medio de la tormenta, así que me quedé parada en el pasillo y me sentí extremadamente sola, todavía con la impresión y reflexionando con sensación de bloqueo sobre qué hacer.

... A la mañana siguiente, revisé las pertenencias de mi suegra porque me lo solicitó su hijo. Ya no estaba el sombrero rojo. Pensé que quizá se había quedado envuelto en su ropa de cama así que de inmediato llame al centro para enfermos terminales, el cual de inmediato entró en contacto con la lavandería porque todo el mundo ahí sabía acerca del sombrero rojo. Lo traía puesto todo el día todo el tiempo, incluso mientras dormía. Nunca lo encontraron.

... Seguí perdiendo más personas. Uno de mis amigos más cercanos murió en un accidente de motocicleta poco después. Luego mi padre se enfermó. Yo estaba ahí mientras él se moría. Estábamos sentados afuera de su casa unos cuantos días antes de que muriera, solo él y yo, cuando me miró con mucha naturalidad y dijo: «¿La acabas de ver?». Yo pregunté: «¿A quién, papá?». Y me describió a una mujer que acababa de «caminar por ahí» y me la empezó a describir: cómo lucía, lo que traía puesto, y supe que estaba hablando de su hermana Natalie, quien se había muerto cuando él era joven; yo había visto su retrato y sabía que estaba describiendo esa foto.

Así que le pregunté si alcanzó a ver su cara, con la esperanza de que dijera su nombre, pero en vez de eso me volteó a ver muy calmadamente y señaló hacia la puerta principal y dijo: «No lo hice, pero se metió, por si quieres entrar y verla». Esa noche después de que me fui para dormir un poco le dijo a mi mamá que Natalie estaba ahí y que regresaría mañana para «llevarme a la iglesia». Murió al día siguiente. En esos días previos a su muerte se la pasó mirando el techo y extendiendo sus brazos y diciendo «wow», como si estuviera mirando la cosa más bella que hubiera visto jamás.

Luego, murió mi tío Tony. Luego mi nueva suegra. No estuve presente con ninguno de ellos. Luego también falleció mi tía Jane, quien era como una madre para mí. Su hija y yo estuvimos con ella casi todos los días durante varias semanas. Tenía alzhéimer, párkinson y dos tipos de cáncer. No tenía idea de quién era yo. Había dejado de reconocer a su propio hijo y a su hija desde casi un año antes de su muerte. No recordaba que estaba casada con el tío Joe.

El día antes de que falleciera, su hija y yo entramos a su cuarto para visitarla. Nos sorprendió verla vestida, sentada en una silla y sonriendo. Tan pronto nos adentramos a la habitación, empezó a hablar. Nos contó que Mario (mi padre) y Tony (mi tío) habían estado ahí y que iban a regresar por ella mañana. Días antes ella había sido incapaz de decirnos quiénes eran ellos cuando le mostramos una fotografía. Luego pasó las tres horas siguientes hablando sin parar. Fue la vez que más habló desde que había llegado ahí varios meses atrás. Estaba lú-

cida y ya no estaba confundida y nos contó historias acerca de su vida que nos pareció que tenían sentido. Habló de su esposo Joe, a quien ahora ya ubicaba. Hacia el final de las tres horas, nos dejó un mensaje respecto a nuestro futuro. Nos dijo que ambas estaríamos «bien» y luego pidió irse a la cama. Casi inmediatamente se le nubló la memoria de nuevo. Finalmente nos fuimos a casa y hablamos de que eso podría haber sido su «estallido».

A la mañana siguiente, tan pronto nos despertamos, nos llamaron para que «fuéramos de inmediato» y ella falleció antes de que llegáramos. Cuando entré a la habitación, ella tenía un aspecto de paz tan grande en el rostro que casi estaba sonriendo. Muy diferente al aspecto que le vi a mi suegra.

Desde que ocurrieron todas esas muertes, cosas «raras» han pasado a mi alrededor. Algunas personas les llaman «señales»; no sé qué pensar al respecto y no las discutí con nadie por temor a que pensaran que había perdido el juicio. Muchas de estas cosas me han «embrujado», por así decirlo. Este sábado pasado entré a una tienda Target con mi prima para comprar una tarjeta de cumpleaños. Cuando ella se dio vuelta a la derecha para tomar una tarjeta, seguí caminando y no me detuve hasta que llegué al estante donde estaba su libro. No sé por qué me detuve ahí. Tomé su libro al igual que el que había al lado, «Despertar en el cielo», leí ambos de portada a contraportada en una sola sentada. Ya no pienso que estoy loca. Mientras los leí estuve llena de una paz más grande que la que había sentido desde hacía tiempo. Me pareció que todo tenía sentido.

Sé que esta es una historia muy larga y me disculpo por tomar tal cantidad de su tiempo. Simplemente es que tenía que decirle que su historia cambió mi vida en tantas maneras. No sé por qué no salí a explorar esto por mi cuenta mientras las cosas estaban ocurriendo; sencillamente no lo hice. Temí que la gente pensara que estaba loca y me guardé mi historia. Es distinta a su historia pero cuando su amigo doctor habló sobre su experiencia con su padre, era como la mía. Realmente creo que algo (o alguien) me jaló hacia su historia y siempre lo hará. Gracias por compartirla y por explicar científicamente que estas cosas pueden suceder y suceden. Que Dios lo siga bendiciendo, Eben Alexander, permanecerá por siempre en mis oraciones.

Con cartas como estas —tan poderosas por su franqueza que proviene del corazón— escucho que las personas me dicen justamente lo que tanta gente le dijo a Hardy, y a James antes que a él. Las experiencias como estas son difíciles de describir no solo porque los narradores están preocupados por lo que pudieran pensar quienes los escuchan, sino además simplemente porque son difíciles de expresar en palabras. Pero con todo y lo difícil que era, estas personas sí encontraron las palabras y las escribieron. Muchos le dijeron a Hardy (y muchos también me han dicho a mí) que simplemente tenían que hacerlo.

Una persona le explicó a Hardy:

Decidí escribir tras guardarme mi experiencia durante cuarenta años. Tenía 16 y siempre me han gustado los paseos en solitario alrededor de mi hogar en una aldea. Una noche salí, por mi cuenta, como de costumbre, a caminar por un camino hacia el bosque. No me sentía particularmente feliz ni particularmente triste, solo normal. Definitivamente no estaba «buscando» nada, solo salí a caminar para estar tranquila. Debe haber sido agosto, porque el maíz estaba maduro y yo solo traía puesto un vestido de verano con sandalias. Casi había llegado al bosque cuando hice una pausa, volteé a ver el maizal, di dos o tres pasos hacia adelante para poder tocar las mazorcas de maíz y las vi menearse en medio de la brisa tenue. Volteé hacia el extremo del campo —en ese entonces tenía un arbusto— y más allá, por donde estaban unos árboles altos rumbo a la aldea. El sol estaba hacia mi izquierda; no me daba en los ojos.

Luego debo haberme quedado en blanco. Nunca sabré durante cuánto tiempo, porque solo tuve uso de mi mente consciente normal con facultades normales al salir de esto. Por todos lados a mi alrededor estaba una luz blanca, brillante y centelleante, como si fuera sol sobre nieve gélida, como un millón de diamantes, y no había ningún maizal ni árboles ni cielo; esta luz estaba en todos lados; mis ojos estaban abiertos, pero no estaba viendo con ellos. Pienso que solo puede haber durado un momento, o me hubiera caído. La sensación era indescriptible, pero nunca he experimentado, durante los años posteriores, nada que se pudiera comparar con ese momento glorioso; fue dichoso, edificante y me sentí tan maravillada que quedé boquiabierta.

Luego las partes superiores de los árboles una vez más se hicieron visibles, luego un pedazo de cielo y gradualmente la luz dejó de estar, y el maizal se mostró ante mí. Estuve parada ahí por mucho rato, traté en vano de que regresara y lo he intentado muchas veces desde entonces, pero solo la vi una vez; aunque sé dentro de mi corazón que todavía está ahí —y aquí— y en todos lados a nuestro alrededor. Sé que el cielo está dentro de nosotros y alrededor de nosotros. He tenido esta maravillosa experiencia que me trajo felicidad incomparable.

Vemos a Dios en el milagro de la vida, en árboles, en flores y aves —sonrío cuando escucho que se habla de Dios como si fuera un hombre, iracundo o de alguna otra forma— sé que he visto y sentido y estoy humildemente agradecida por la roca interna a la cual me aferro.

Lo escribí, pero jamás se lo conté a nadie.[20]

Muchas de las experiencias de quienes le respondieron a Hardy fueron breves, pero igual de transformadoras. Otra mujer escribió:

Mi esposo murió el 6 de septiembre de 1968 y durante casi un año estuve extremadamente deprimida y nada, simplemente nada, me podía consolar. Una mañana mientras estaba sentada dentro de mi tina, demasiado deprimida como para pensar en nada, de repente entró a mi cabeza una tonalidad dorada brillante, de un tipo que jamás había visto antes, y en su base había una pequeña mancha negra del tamaño de una cabeza de alfiler. Durante lo que deben haber sido unos cuantos segundos me sentí muy asustada hasta que por fin parecí darme cuenta de que era mi esposo. Lo llamé y de repente la hermosa tonalidad dorada lentamente se desvaneció y no la he visto desde entonces. Eso es todo lo que sucedió pero me dejó con una gran paz interna y con la convicción de que todo está bien. También pienso que mi fe se ha vuelto mucho más fuerte como resultado de esta experiencia.[21]

---

20. Recuento 4405 de RERC, citado en Maxwell y Tschudin, *Ver lo invisible*.
21. Recuento 2389 de RERC, citado en Hardy, *La naturaleza espiritual del hombre*, 92.

Una vez que usted ha dado un vistazo a los mundos más elevados y a la sensación de profunda pertenencia que inspiran y que tantos aspectos de la vida están en conspiración para hacernos olvidar, toda clase de experiencias lo pueden jalar de vuelta para que entre en contacto con ellos. El hecho es que muchas de las cosas que a las personas les encanta hacer, sin poder explicar exactamente *por qué* les encantan, nos hacen sentir bien precisamente porque nos reconectan con ese mundo. Yo no practico el surf, pero dos de mis hijos sí. He visto a personas mientras practican el surf y he escuchado hablar a los surfistas, y sé que parte de la magia de ese deporte es especialmente poderoso como reconectador con los mundos que están más allá de este: el ámbito donde están disponibles mucho más movimiento, mucha más vida y sentimiento. Me encanta esquiar, y si alguna vez ha esquiado ubicará esa sensación que surge justo cuando empieza usted a bajar por una pendiente inclinada. Hay una parte que está profundamente dentro de usted que se despierta cuando esto sucede. Es algo físico, pero es *más* que físico.

Sobra decir que esto se aplica ampliamente a la sensación que obtuve al practicar paracaidismo. Ahora veo mi pasión de juventud por ese deporte como una señal, probablemente la más grande, de que yo tenía hambre de cielo, aunque en esa época definitivamente no lo hubiera llamado de esa manera.

Hay una palabra que usan los atletas—y, no por coincidencia, también los usuarios de drogas— que resulta especialmente significativa aquí: *Euforia*.

Como médico, sé que cuando su cuerpo es estimulado natural o artificialmente, suceden cosas muy específicas en el cerebro. Cada placer que experimentamos cuando estamos dentro del cuerpo es visible en la actividad neuronal del cerebro, y la euforia obtenida al saltar de un avión o al ingerir una droga poderosa esencialmente afectan los mismos centros del cerebro.

Aquí el error es mirar esa actividad neuronal y tratar de explicar nuestra experiencia consciente entera a través de ella. Experimentamos la vida a través del cerebro mientras estamos dentro de nuestros cuerpos. El cerebro es la estación de cambio entre «aquí» (el cuerpo) y «allá» (los vastos mundos que hay más allá del cuerpo). Pero esto no significa que el cerebro sea la causa de nuestra experiencia consciente. Lo que realmente está pasando es mucho más complejo. Hay un intercambio constante entre nuestro cerebro y nuestra conciencia, y el cerebro valientemente intenta mantenernos vivos y fuera de peligro, intenta retener el control completo, intenta no distraerse con los datos reales que se están aportando desde más allá del mundo físico. Cuando alguien con adicción a las drogas se hace sentir bien a sí mismo o a sí misma al tomar una droga, él o ella obtiene cierto grado de liberación de ese control que el cerebro físico, con su obsesión por los datos relacionados con la supervivencia, ejerce sobre nosotros. La euforia que siente un adicto a las drogas y la euforia que siente un surfista o paracaidista son elevaciones momentáneas que los alejan de ser abarcados por el cuerpo. El problema con el usuario de drogas es que este método de obtener esa liberación es una forma de hacer trampa. El cerebro se ve *obligado* a dejar de sostener la conciencia, y cuando pasa el efecto de la droga, el usuario cae más profundamente en materialización. Se golpea duro contra el piso y, con cada partida y regreso que vuelve a realizar de esta manera, daña tanto al alma como el cuerpo, sin mencionar que debilita sus oportunidades de jamás poder obtener esta liberación de forma natural. Todos los momentos de euforia terminan aquí en la Tierra. Pero allá arriba no. Allá arriba, la sensación es constante. Una euforia constante en esta tierra pronto se convertiría en pesadilla. Así que imaginar cómo se siente desde nuestra perspectiva es, de nuevo, prácticamente imposible. Pero eso no significa que no sea verdad.

Muchos de los reportes que Hardy recopiló eran remembranzas de experiencias que habían ocurrido mucho tiempo atrás durante la niñez, en ocasiones seis o siete décadas atrás. Pero para quienes contestaron, el recuerdo de ellas estaba tan fresco como si hubieran sucedido apenas unos días antes.

Eso en sí fue altamente sugerente. Cuando éramos niños, muchos de nosotros estábamos completamente cómodos con la idea de que había una realidad invisible. Nos movíamos entre cosas invisibles, incluso al navegar el mundo (generalmente) mucho menos interesante de la realidad de los adultos. Pero no nos engañaban. Al igual que yo, con mi capa de Superman, sabíamos perfectamente bien cuál mundo era el más importante.

Luego —para muchas personas, de manera interesante, alrededor de los siete u ocho años— esto se detuvo. Una conexión se apagó y desde entonces, día tras día, las reglas del mundo «adulto» toman el mando. El poeta escocés Edwin Muir (18871959) escribió:

> *Un niño tiene una imagen propia de la existencia humana, que probablemente nunca recuerda después de haberla perdido: la visión original del mundo. Creo que esta imagen o visión es de un estado en el cual la tierra, las casas que hay en la tierra y la vida de cada ser humano están relacionadas con el cielo, que las engloba; como si el cielo cupiera en la tierra y la tierra en el cielo. Ciertos sueños me convencen de que un niño tiene esta visión, en la cual hay una armonía de todas las cosas entre sí más completa que ninguna otra que vaya a conocer jamás.*[22]

La niñez es una época en la cual el cielo y la tierra todavía están unidos esencialmente. Después, cuando nos volvemos mayores, se separan, quizá un poco, quizá mucho. Pero por más lejos que parezca que nos vamos, recibimos pistas y vistazos —y a veces más— que indican que el cielo realmente sigue a la mano.

«Es como si algo me dijera: "Jamás te permitas cuestionarte esto"», dice Edward Robinson, el socio de Hardy, al citar a un individuo que describía un momento de percepción espiritual en la infancia. «Y sabía que no debía permitirlo; sabía que era la cosa más real que me hubiera sucedido jamás».

---

22. Robinson, *La visión original*, 21.

«Si fue alucinación —escribe Robinson en su libro sobre experiencias espirituales en la niñez al citar a otro individuo— ¿por qué lo recuerdo como la experiencia más real y vívida que he tenido? Fue como hacer contacto con un cable de corriente cuando estás buscando a tientas un cerillo».[23]

Como lo han planteado escritores como William James, el clasicista Frederic W.H. Myers a fines del siglo XIX y el escritor Aldous Huxley a mediados del siglo XX, hay fuerte evidencia de que el cerebro actúa como una especie de «válvula de reducción» para la conciencia. Sabemos más cuando estamos «fuera» del cerebro que cuando estamos dentro de él. Otra persona que respondió le escribió a Hardy:

> *Pienso que desde mi infancia siempre he tenido la sensación de que la verdadera realidad no se encuentra en el mundo, como lo ve la persona promedio. Parece haber una fuerza constante que actúa desde el interior y que trata de empujar hasta llegar a la superficie de la conciencia. La mente continuamente trata de crear un símbolo lo suficientemente abarcador para contenerlo, pero esto siempre termina en fracaso. Hay momentos de alegría pura con una conciencia elevada del entorno que lo rodea a uno, como si se hubiera transmitido una gran verdad… A veces se siente como si el cerebro físico no fuera lo suficientemente grande como para dejarla pasar».[24]

---

23. *Ibid*, 22.
24. Recuento 000651de RERC, citado en Robinson, *La visión original*, 27.

Para aquellos que todavía están seducidos por la noción simplista de que «el cerebro crea conciencia» —aquellos que retrocederían con horror cuando menciono que la destrucción de mi neocorteza incrementó grandemente mi conciencia— les voy a recordar dos fenómenos clínicos habitualmente atestiguados que desafían el modelo simplista de cerebro crea mente: 1) *lucidez terminal*, en la cual pacientes mayores con demencia que están cercanos a la muerte con frecuencia tienen remansos asombrosos de cognición, memoria, percepción y reflexión al acercarse a la muerte, por lo general durante períodos en los cuales están plenamente conscientes de almas difuntas que llegan para escoltarlas al ámbito espiritual; y 2) *los síndromes de sabiduría adquirida*, en los que alguna forma de daño cerebral —como el que se ve con el autismo, lesiones de cabeza o derrames— permite alguna habilidad mental sobrehumana como capacidad avanzada de cálculo, intuición, habilidades musicales o memoria perfecta para números, nombres, fechas o escenarios visuales. No hay explicación dentro de nuestras ideas neurocientíficas simplistas del cerebro para explicar observaciones tan extraordinarias y contrarias a lo esperado.

Conforme me adentré con mayor profundidad en el misterio de mi travesía, llegué a darme cuenta de que nuestra propia conciencia es lo único que cualquiera de nosotros sabe en realidad que existe. La neurociencia que había estudiado durante décadas nos recuerda que todo lo que cualquiera de nosotros haya experimentado, desde antes de haber nacido, no es otra cosa que la actividad electroquímica (frecuencia, vibración) de cien mil millones de neuronas que interactúan dentro de una masa gelatinosa de un kilo y medio extraordinariamente compleja que conocemos como el cerebro humano.

Hoy, el centro neurálgico de los trabajos científicos sobre conciencia es la División de Estudios Perceptuales (DOPS, por sus siglas en inglés) de la Universidad de Virginia, donde los investigadores Edward Kelly y Emily Williams Kelly, Bruce Greyson y otros están trabajando para resucitar el trabajo masivo que hicieron estudiosos como Myers y James al término del siglo XIX y traerlo de nuevo ante el ojo público. Yo aconsejaría que, si algo en este delgado libro lo enciende y desea profundizar más, enfrente el estudio inmenso pero transformador de vidas *La mente irreducible: Hacia una psicología para el siglo XXI*. El libro es largo y denso porque el grupo DOPS está formado por científicos y ellos han buscado responder por completo a las objeciones comunes ante la idea de que la conciencia sobrevive tras la muerte del cerebro.

Como seres humanos, tenemos potencial que todavía no ha sido ni soñado. Apenas estamos al principio de entender quiénes somos en realidad. El cuerpo contiene pistas innumerables respecto a los verdaderos seres cósmicos que somos en forma naciente. Cuando las cosas están trabajando de manera coordinada, el cuerpo no solo es un ancla y un oscurecimiento para nuestras realidades espirituales, sino además una herramienta para traer esas capacidades de la tierra. Lo mismo sucede en el cerebro, y lo vemos en casos verificados de niños genios y prodigios. No se equivoque: existe una razón por la cual somos seres espirituales que tienen una experiencia terrenal. Estamos aquí para aprender, pero traemos con nosotros herramientas mucho más grandes para lograr el aprendizaje de lo que nos damos cuenta. Nuestra odisea material no es solo una prueba, y definitivamente no es un castigo, sino que más bien es un capítulo en el desenvolvimiento, la evolución del cosmos mismo, debido a que somos uno de los máximos experimentos de Dios, quien tiene tantas esperanzas puestas en nosotros que casi rebasan infinitamente nuestra capacidad para imaginarlo.

Las personas que le respondieron a Hardy hace treinta años y las personas que conozco y con quienes hablo a diario están diciendo lo mismo. Es la única historia real, que está luchando por regresar a nosotros. La realidad del cielo, y de nuestro sitio dentro de él, está tumbando las paredes de negación que hemos construido a lo largo de los últimos siglos, y de nuevo estamos escuchando su mensaje: Somos amados. Somos conocidos. Pertenecemos.

Había además otra sensación que se apoderaba de mí, la cual ahora solo puedo describir como un tipo de percepción. Al mismo tiempo, solo recuerdo la sensación como algo de realidad intensa y conocimiento, una especie de sensación de que realmente veía y sabía cómo eran las cosas detrás de las apariencias. En estos momentos de saber, no vi colores temblorosos ni me sentí enorme ni escuché extraños zumbidos in-

ternos; más bien vi el mundo común muy claramente y con infinito detalle, y supe que todo estaba unido.[25]

Quien le escribió esta descripción a Hardy lo más probable es que no fuera un científico. Pero lo que esta persona está diciendo no es distinto a lo que los físicos modernos expresan cuando nos dicen que a nivel físico al final no hay separación de nada con relación a ninguna otra cosa. La separación, a nivel fundamental, no existe en el universo, y ese es el caso ya sea que uno lo mire desde una perspectiva científica, una perspectiva psicológica, o ambas.

Cuando llega, la experiencia de esta conexión es enormemente poderosa. Pero se rompe con facilidad. Otra persona que respondió le escribió a Hardy:

Conforme crecí, cada vez me sentí más perplejo al darme cuenta de que muchas personas vivían en un mundo muy distinto al mío. Podían matar cosas sin lastimarse, podían dormir sin soñar, soñar sin colores. Al parecer siempre sentían estar dentro de su piel, y las cosas que veían y escuchaban y sentían parecían realidades verdaderas y separadas y perceptibles. El mundo objetivo le parecía real a la mayoría de la gente, y el mundo subjetivo, irreal o no existente.[26]

Las ceremonias de iniciación de muchos pueblos tradicionales ocurren justo alrededor de este período inicial de «inocencia» infantil cuando la conexión di-

---

25. Recuento 000500 de RERC, citado en Robinson, *La visión original*, 28-29.
26. Robinson, *La visión original*, 29.

recta y sin complicaciones con el mundo espiritual llega a su fin. Cuando perdemos esa conexión original de la niñez, esa intuición de pertenecer, es trabajo de la religión entrar en acción y ayudarnos a recuperarla y retenerla. Las sociedades tradicionales, conscientes de la profunda conexión que los niños tienen con el lado espiritual del universo, sabían exactamente cuándo era momento de hacer esto, de ayudar a la persona adulta emergente a codificar el conocimiento del cielo que él o ella naturalmente había sabido en la niñez para que nunca se perdiera.

> *Si a uno le pidieran describir la vida de religión en los términos más amplios y generales posibles, uno podría decir que consiste en la creencia de que hay un orden no visto, y de que nuestro bien supremo reside en ajustarnos armoniosamente a él.*
>
> WILLIAM JAMES, «LAS VARIEDADES DE LA EXPERIENCIA RELIGIOSA»

Sobra decir que eso también es lo que las religiones de hoy deberían estar haciendo. Sin embargo, el hecho triste pero fascinante es que un niño o una niña de una tribu de un bosque de lluvias del área del Amazonas hace seiscientos años recibía las herramientas que necesitaba para navegar el mundo material y mantener una conexión con el espiritual, mientras que nuestros niños con frecuencia no. Esto no pretende denigrar el cristianismo ni las demás tradiciones modernas de la fe. Pero es para decir que aquellas creencias deben unirse una con la otra, y con la ciencia, para crear una nueva visión: una que englobe la ciencia y la religión, y eso le enseñará a nuestros niños maneras reales de mantenerse en contacto con el mundo espiritual en todo momento. Necesitamos convertirnos en una cultura que, al igual que tantas de ellas que existieron en el pasado, le enseñe a *todos* sus miembros cómo seguir sosteniendo el hilo dorado, a lo largo de toda su vida.[27]

Thomas Traherne, un clérigo del siglo XVII cuyos escritos solo fueron descubiertos por casualidad a fines del siglo XIX, escribió que «usted nunca disfruta el mundo adecuadamente hasta que el propio mar fluye por sus venas, hasta que está arropado por los cielos y coronado por las estrellas: y se percibe a sí mismo como único heredero del mundo entero, e incluso más que esto, pues hay hombres en él y cada uno es heredero único, al igual que usted».

Herederos: la palabra perfecta. Desde una perspectiva material, como lo indicamos anteriormente, somos seres cósmicos. El océano literalmente fluye en nuestras venas, puesto que la sangre es virtualmente idéntica al agua de sal a partir de la cual se desarrollaron nuestros cuerpos animales. De igual manera, los átomos de calcio que componen nuestros huesos y los átomos de carbono que componen un dieciocho por

---

[27]. Esta es una razón por la cual he estado trabajando tan duro, especialmente por medio de mi trabajo con Acústica Sagrada, para desarrollar formas de ejercicio espiritual que cualquier persona actual, y tal vez los jóvenes principalmente, puedan hacer. Ver el Apéndice.

ciento de nuestros cuerpos se forjaron hace miles de millones de años en los corazones de estrellas antiguas, estrellas que, al colapsarse y convertirse en enanas blancas y volver a explotar como supernovas, lanzaron estos átomos al universo, donde finalmente se adhirieron con otros elementos complejos para formar planetas como este, así como los cuerpos físicos de todos los seres vivos que ahora habitan nuestro planeta y se mueven en él. Pero también somos seres espirituales: los herederos del cielo. Nuestra herencia material y nuestra herencia espiritual no están separadas, sino que se entrelazan, al igual que esas serpientes gemelas que están trepando por el caduceo. Desde una perspectiva aristotélica «de afuera», estamos «hechos» de tierra. Pero desde una perspectiva platónica de iniciación, estamos hechos de arcilla celestial, de lo que los místicos de Persia en el siglo XII llamaban «la tierra del cielo». Pertenecemos a ambos mundos.

CAPÍTULO 6
El regalo de la alegría

Es durante los momentos de gran júbilo cuando nuestro verdadero ser es más visible.[28]

MEDHANANDA, MÍSTICO ALEMÁN HINDÚ DEL SIGLO XX

Los mundos que están arriba de este se desbordan de emoción, de calidez que va más allá de la que es simplemente física y de otras cualidades que rebasan por mucho mi habilidad para hacer una descripción. Pero le puedo decir esto: yo estaba listo para ellos. Aunque me asombraron con una deslumbrante novedad y frescura, también eran, paradójicamente, familiares. Yo ya los había sentido. No como Eben Alexander, sino como el ser espiritual que fui mucho mucho antes de que ese ser encarnado específico surgiera, y como aquel que volveré a ser, cuando los elementos terrenales que actualmente componen mi cuerpo físico se hayan ido por su cuenta a lugares diferentes.

---

28. Medhananda, *Con Medhananda en las costas del infinito*, 34.

Los mundos de arriba no son generales, no son vagos. Están profunda y penetrantemente vivos, y son más o menos igual de abstractos que un cubo de pollo frito, el reflejo que rebota desde el capote de un TransAm o su primer amor. Por eso es que las descripciones del cielo que traen consigo de regreso personas como Swedenborg pueden sonar tan completamente descabelladas. Sé perfectamente bien lo descabellado que suena mi propio recuento, y comprendo a aquellos a quienes se les dificulta aceptarlo. Al igual que muchas cosas en la vida, suena bastante improbable hasta que lo ve por sí mismo.

Hay árboles en los mundos que están por encima de este. Hay campos y hay animales y personas. También hay agua; agua en abundancia. Fluye en ríos y desciende como lluvia. El rocío se eleva desde las superficies pulsantes de estas aguas, y peces se deslizan por debajo de ellas. Tampoco son peces abstractos y matemáticos. Peces de verdad. Igual de reales como cualquier pez que usted haya visto y mucho mucho más. Las aguas de allá son como el agua terrenal y, sin embargo, no son aguas terrenales. Son, por expresarlo en una forma que sé que se queda corta pero que a veces es precisa, más que simple agua terrenal. Es agua que está más cerca del origen. Más cerca, al igual que el agua que está más arriba en un río serpenteante está más cerca de los manantiales de los cuales emerge. Es agua que es profundamente familiar, de modo que cuando usted la ve se da cuenta de que todos los paisajes con agua más hermosos que usted llegó a ver en la Tierra eran hermosos precisamente porque le recordaban a esta. Es agua viviente, en la forma en que todo lo de allá arriba es viviente, y lo atrae, de modo que su mirada desea viajar dentro de ella, más y más profundamente, más y más tiempo, para siempre. Fue agua que hizo que todas las masas de agua terrenales que he visto, desde las playas de Carolina hasta los ríos del oeste, parecieran versiones menores, hermanitos pequeños de esto, de esta cosa que en algún nivel profundo siempre había sabido que era como el agua debería ser.

Eso no es para denigrar los océanos y los ríos y los lagos y las tormentas y todas las demás formas de agua que he visto y disfrutado en esta Tierra. Más bien es simplemente para decir que ahora veo esas aguas con una nueva perspectiva, en la misma manera en que ahora veo a todas las bellezas naturales de la Tierra con una perspectiva igualmente nueva. Cuando ascendemos, en resumen, todo sigue ahí. Solo que es más real. Menos denso y al mismo tiempo más intenso, está más *ahí*. Los objetos, paisajes, personas y animales explotan de tanta vida y color. El mundo de arriba es tan vasto, variado, poblado y tan distinto en un lugar comparado con otro, como sucede con este mundo, e infinitamente más. Pero dentro de toda esta vasta variedad no hay esa sensación de *lo otro* que caracteriza a este mundo, en la que una cosa en sí está sola y no tiene nada que ver directamente con las otras cosas que la rodean. Allá nada está aislado. Nada está alienado. Nada está desconectado. Todo es *uno*, sin que esa unidad en ningún sentido surgiera homogeneidad: es decir, que todo esté aplastado junto. El autor C.S. Lewis lo explicó de manera maravillosa cuando indicó que la unidad con Dios no debería evocar en nuestras mentes un gran pudín de tapioca insípido. No es *ese* tipo de unidad.

Ver este mundo por un momento significa que su corazón se romperá con el recuerdo de que es real que repentinamente lo invadirá. Pero también significa que su corazón sanará, porque usted recordará de dónde viene, lo que es y a dónde va a ir de nuevo algún día. Ha echado un vistazo al mundo que está afuera de la cueva y todo ha cambiado, para siempre.

Ultrarreal aquí es un concepto clave y mencionado frecuentemente en descripciones de experiencias cercanas a la muerte. Como le dije a mi hijo mayor, Eben IV, quien estaba estudiando la carrera de neurociencia en la universidad, cuando me dieron de alta del hospital: «¡Todo fue *demasiado real como para ser real*!». Como sabía que cada vez que uno explora de nuevo un recuerdo corre el riesgo de alterarlo, me aconsejó anotar todo lo que pudiera recordar respecto a mi odisea ocurrida cuando estuve en coma antes de leer nada acerca de experiencias cercanas a la muerte, física o cosmología. Ocho semanas después, tras haber escrito más de veinte mil palabras, me adentré en la literatura sobre experiencias cercanas a la muerte. Me asombró encontrar que más de la mitad de quienes han tenido experiencias cercanas a la muerte reportan que ese ámbito es mucho más real que este. Eso es un concepto difícil de transmitir a los materialistas escépticos que han enterrado profundamente sus recuerdos de ese ámbito, pero es refrescantemente sencillo de compartir con aquellos que han estado ahí: la discusión con frecuencia trasciende las propias palabras que pueden ser tan limitantes en nuestras comunicaciones respecto a ámbitos no terrenales (dadas las limitaciones de nuestro lenguaje basado en la tierra).

Una característica curiosa de los recuerdos de estas experiencias cercanas a la muerte profundamente trascendentes, además de su naturaleza asombrosamente ultrarreal, es que son persistentes y transforman la vida. Estos recuerdos no se desvanecen como la mayoría de los recuerdos derivados del cerebro. Me ha pasado que personas se me acercan tras mis presentaciones y me ofrecen interpretaciones detalladas de experiencias cercanas a la muerte que tuvieron hace más de siete décadas, como si hubieran ocurrido ayer. Lecturas posteriores, no solo de literatura sobre experiencias cercanas a la muerte, sino de literatura sobre la vida después de la vida y los escritos de místicos religiosos y profetas realizados desde miles de años atrás a la fecha, esclarecieron las profundas similitudes entre muchas de estas experiencias. Son tantas las personas que están intentando describir la misma presencia asombrosa e infinitamente amorosa que hay en el núcleo de todo ser. Algunos escépticos se pierden el bosque por estar mirando los árboles: se quedan atrapados en los detalles, y están tan ocupados en comparar las diferencias en un esfuerzo por refutar, que se pierden la verdad más profunda de las características en común que hay entre culturas, creencias, continentes y milenios.

Ese ámbito es mucho más real que este ámbito material nebuloso, como de ensueño. El velo que creo que existe entre ellos fue construido ingeniosamente por una inteligencia infinitamente más grande que la nuestra, y que está ahí por una razón. El ámbito terrenal, creo, es donde se supone que debemos aprender las lecciones de amor incondicional, compasión, perdón y aceptación. Nuestro conocimiento de la naturaleza espiritual eterna no se supone que tenga que ser tan claro para nosotros como la luna que se eleva en el cielo durante la noche. Nuestra habilidad de aprender por completo las lecciones más importantes de la vida depende de que estemos parcialmente velados y alejados de ese conocimiento más completo (aunque finito) que nuestras almas más elevadas poseen entre sus vidas.

¿Cómo puede ser todo esto? ¿Cómo puede ser que haya otros mundos donde en verdad nos encontremos con cosas y situaciones y seres que son como los de este mundo? La manera más fácil de entenderlo es tomar un boceto del universo que han usado muchas tradiciones antiguas, pero especialmente los místicos de la antigua Persia. Este boceto o mapa ve el universo como algo ancho en la parte inferior y puntiagudo en la parte superior, como el gorro de un hechicero. Imagine un gorro de este tipo colocado en el piso. La parte de abajo, el círculo amplio y plano de tierra que el gorro cubre, es el ámbito terrenal. Ahora imagine que el gorro contiene una serie de pisos: pisos que se vuelven más y más estrechos conforme subimos. Esta es una forma muy limpia (aunque obviamente esté enormemente sobresimplificada) para describir lo que sucede cuando el alma asciende por los mundos espirituales. Estos mundos no se vuelven más pequeños conforme ascendemos. Al contrario. Se vuelven más vastos, más imposibles de describir desde donde estamos. Pero en un sentido de espacio, sí se vuelven más pequeños, porque el espacio ya no existe en la forma en que existe aquí. El espacio se vuelve menos importante, porque su naturaleza finalmente ilusoria se vuelve más aparente. En esos reinos más elevados experimentamos directamente lo que el teorema de Bell, que muestra cómo dos partículas en extremos opuestos del universo pueden interactuar sin retraso de tiempo alguno, nos dice mucho más abstractamente. El universo es Uno.

Los ámbitos que están arriba de este están llenos de espacios vastos, de vistas que empequeñecen las más amplias e inspiradoras que pudiéramos encontrar en cualquier parte aquí en la Tierra. Esos espacios están llenos de objetos y seres que reconocemos de la vida terrenal. Son reales. Pero el espacio que habitan es un espacio más elevado que este, así que nada funciona como aquí, y al instante en que usted empieza a describirlo se encuentra con dificultades. Es real, pero —al igual que la propia materia cuando nos vamos al nivel cuántico— no se comporta de ninguna manera similar a la que estamos acostumbrados.

La sabiduría tradicional nos indica que en la punta del sombrero desaparece toda extensión. Esa punta —el extremo del gorro del mago— es el lugar donde todas nuestras categorías terrenales de espacio y tiempo y movimiento, que se vuelven más espiritualizadas conforme subimos, desaparecen por completo. Más allá no hay espacio, no hay tiempo... ninguno de los indicadores que actualmente usamos donde estamos.

Lo único que conocemos aquí en la Tierra que sí permanece por encima de ese punto es el amor. Dios es amor y nosotros también, en nuestro nivel más profundo. Esto no es amor abstracto. No hay tal cosa. Este amor es más duro que una piedra y más fuerte que una orquesta completa y más vital que una tormenta y tan frágil y conmovedor como la criatura más débil e inocente que sufre, y tan fuerte como mil soles. Esto no es una verdad que podamos conceptualizar adecuadamente, pero es una que todos experimentaremos.

> *Las barreras empezaron a derrumbarse y un velo tras otro se abrió en mi mente. Tras experimentar una felicidad centrada en mí mismo, ahora quise compartirla con otros, primero con los que estaban cerca de mí, y luego algo más amplio, hasta que todos y todo quedó incluido. Sentí como si ahora pudiera ayudar a toda esta gente, que no había nada más allá de mi poder: me sentí omnipotente. El éxtasis se profundizó e intensificó. Empecé a gritar. Sabía que todo estaba bien, que la base de todo era la bondad, que todas las religiones y ciencias eran caminos hacia esta realidad máxima.[29]*

---

29. Recuento 983 de RERC, citado en Hardy, *La naturaleza espiritual del hombre*, 78.

Al igual que esta persona que respondió a Hardy, tras mi experiencia cercana a la muerte, cuando aprendí a hablar de nuevo, cuando mi cuerpo y cerebro estaban funcionando plenamente, lo que principalmente pude ofrecer con mis intentos por describir estos mundos espirituales fue un entusiasmo jubiloso: uno que tomó la forma de una larga serie de superlativos; adjetivos que, mientras más repetía, menos permitían que alguien entendiera lo que trataba de decir. *Hermoso. De otro mundo. Maravilloso. Precioso.*

Un día, mientras Ptolemy y yo íbamos de un lado a otro y tratábamos de refinar la historia de mi travesía para transmitir al lector cómo fue que realmente se sintió, me dijo: «Eben, te prohíbo teclear o decir la palabra *hermoso* una vez más. No está *aportando* nada».

Entendí por completo. (Aunque cualquiera que haya ido a mis pláticas sabe que constantemente lo vuelvo a hacer). Había regresado de un mundo que no solo empobrecía todos los intentos por describirlo, sino que también convertía en picadillo las propias categorías de descripción que usamos para describir las realidades terrenales. Hay infinitamente más maneras de sentir y experimentar y comunicar en los mundos más allá de este, y cuando regresé con el recuerdo de ese catálogo vastamente mayor de percepciones y sensaciones, fue como tratar de describir algo de tres dimensiones a una persona que solo vive en dos de ellas. (Esto fue una idea desarrollada, por cierto, por el clérigo y matemático Edwin Abbott en su novela de 1884, *Flatland*, en la cual un viajero a una tierra de tres dimensiones tiene una experiencia igualmente frustrante cuando regresa a su mundo de dos dimensiones y trata de contarles acerca de ella a sus amigos de dos dimensiones).

Pero sin importar lo difícil que sea traer para abajo noticias de esos ámbitos, es absolutamente clave que aquellos que han tenido esas experiencias lo intenten de todos modos. Estas descripciones son la comida que actualmente necesitamos. Crear un mapa de esos mundos de arriba de manera no agresiva y humilde es una parte crucial para sanarnos y para sanar nuestro mundo. Todos saben que tremendas cantidades de duda y desesperación están presentes en el mundo justo ahora. Si usted tiene una fe religiosa fuerte, es más probable que le vaya mejor que a alguien que no. Pero si usted, al igual que yo, llega a ver a la religión, la espiritualidad y la ciencia como socios para mostrar el universo como realmente es, creo que se puede volver incluso más fuerte.

Goethe, Fechner, Pascal, Swedenborg y una gama de otras mentes científicas encontraron esa fuerza cuando se dieron permiso de transformarse también en mentes espirituales. En esos individuos vanguardistas, los seres terrenales-exteriores y celestiales-interiores hicieron a un lado sus conflictos aparentes y se convirtieron en aliados.

Cuando esto sucede, vemos que el universo es un lugar profundamente ordenado física y también espiritualmente. El orden y el significado que sentimos que operan en nuestras mentes son el mismo orden y significado que alcanzamos a vislumbrar afuera en el mundo. Y un vistazo de este orden es suficiente para transformar la emoción dominante que nos guía a través del día y hacer que pase de pesar a júbilo.

Natalie Sudman, autora de *Aplicación de lo imposible*, un libro realmente extraordinario acerca de la experiencia cercana a la muerte que tuvo durante la guerra de Irak cuando el vehículo todoterreno Humvee en el que iba explotó, lo expresa de la mejor manera que alguien pudiera llegar a hacerlo:

> *Los budistas han dicho: «El dolor es inevitable; sufrir es opcional». Al entender que yo diseñé mi experiencia de principio a fin y que me aseguraron a través de mis experiencias fuera del cuerpo que mi vida tal y como es tiene sentido y valor, el sufrimiento es imposible. Incluso al recobrar la conciencia en un camión carbonizado y rociado con sangre, o al estar acostada en una cama de hospital en posición fetal con dolor agonizante, o al vomitar hasta casi expulsar mis tripas debido a una cruda por anestesia (¡la peor!), o al enfrentar la posibilidad de cincuenta años con visión doble, me han recordado el júbilo subyacente que hay en el hecho de ser que experimenté de manera vívida al estar fuera de mi cuerpo. Esto no es alegría, la cual me parece que es más bien una respuesta al entorno y a las circunstancias que un estado interior constante. Puedo estar deprimida, temerosa, ocupada, molesta, enojada... en otras palabras, infeliz, con mis circunstancias o mi entorno y al mismo tiempo sentirme interesada, curiosa e incluso emocionada respecto a las circunstancias, al entorno, a mi propia creación de ello y a mis propias acciones y emociones mientras estoy dentro de él. No siempre disfruto el hecho de estar en este mundo, ni disfruto al estar en cierta circunstancia parti-*

cular, pero siempre siento la alegría de base por ser una persona consciente, creativa y en expansión que explora la experiencia, y disfruto el humor inherente que hay en ello.[30]

Este júbilo le llegó a Natalie a través de su descubrimiento de la realidad de los mundos que hay más allá. Fue el mismo tipo de descubrimiento que, en circunstancias muy distintas, el poeta William Butler Yeats (1865-1939) hizo durante la experiencia que describe en estas líneas: «Ahora sé que la revelación proviene del ser, pero de ese ser con recuerdos de hace eras, que da forma a la concha compleja del molusco y al niño en el vientre, que enseña a las aves a hacer su nido; y que la genialidad es una crisis que se une a ese ser enterrado durante ciertos momentos ante nuestra mente trivial diaria».[31] Yeats no desconocía los momentos de iluminación repentina: momentos en los que vio la tierra bajo la luz del cielo, y entendió que lo «celestial» no solo estaba más allá: no solo allá afuera, en algún otro lugar, sino justo aquí, justo ahora, entretejido con la propia tela que compone lo que tan frecuentemente parece existencia sosa y ordinaria.

Cincuenta años cumplidos y pasados.
Entre el gentío de una tienda,
me senté, solitario, en una mesa,

---

30. Sudman, *Aplicación de lo imposible*, 111.
31. Yeats, *Obras recopiladas*, tomo III, 216-17.

un libro abierto y una taza vacía
sobre la mesa de mármol.
Cuando miré la tienda y la calle,
mi cuerpo de repente recibió una descarga
y aproximadamente por veinte minutos
mi felicidad fue tan grande que parecía
que yo estaba bendito y podía bendecir.[32]

Caminamos por un mundo de oscuridad. Luego, algo sucede, puede ser lo que sea: desde un acto de bondad inesperado hasta el reflejo de la luz en un jarrón hasta una experiencia cercana a la muerte en la que hacemos una travesía hacia otro mundo. Y de repente, el mundo se abre. Vemos qué hay detrás de él. Vemos que ha estado ahí todo el tiempo, pero que, en nuestro mundo, estamos particularmente ciegos ante él, porque se nos han olvidado las herramientas para acercarnos a él, para conservarlo constantemente en la mente.

Desde que era adolescente he tenido dudas respecto a la existencia de Dios, en el sentido cristiano tradicional. He tenido una tremenda dificultad para identificarme con cualquier religión; sin embargo, siempre me he sentido impulsada a aceptar algo que está «más allá». El ateísmo era un compromiso que yo no estaba dispuesta a hacer, de modo que he aceptado la etiqueta «agnóstica» desde mi adolescencia.

---

32. De «Vacilación», de William Butler Yeats.

Y sin embargo, me sentía impulsada a creer en algo. A tal grado que me perturbaba no poder decir en voz alta mis creencias. Me sentía perdida.

Leí el libro del doctor Alexander y cuando habló de Dios como una luz en la oscuridad, tuve una avalancha de emoción tan fuerte que rompí en llanto. De hecho, se me están saliendo las lágrimas ahora mientras escribo esto, al recordar. Solo me he sentido así tres otras veces, cuando mis hijos nacieron. Simplemente tuve una sensación de certeza de que lo que leía era verdadero, era real, y de repente sentí como si un peso se hubiera levantado y que estaba bien que yo no tuviera una religión, que estaba bien no tener una etiqueta, que estaba bien solo sentir lo que estaba sintiendo.

Ha habido veces en las que me he sentido abrumada por la vida, y anteriormente en realidad no tenía habilidades para hacerle frente más allá que un Ativan para calmarme. El impacto más grande que ha tenido leer este libro ha sido que ahora realmente me siento feliz, y cuando las cosas se empiezan a poner locas o demasiado angustiantes, siento una calma repentina, y puedo poner esta vida en perspectiva, y mis preocupaciones y tensión de repente son más fáciles de manejar. Todo lo que el doctor Alexander escribió simplemente se siente tan real.

Siempre me he sentido extremadamente angustiada al saber lo espantosas que las personas pueden ser unas con otras. Niños que son víctimas de abuso, tortura, guerra, todas las cosas terribles en este planeta que nos hacemos los unos a los otros. Saber que esto no es todo lo que hay me hace sentir increíblemente feliz.

Mi esposo también leyó el libro y ha cambiado su etiqueta de ateísmo por una que se enfoca más en creer en el «universo», donde Dios es una entidad algo similar a una fuerza energética en nuestro universo. Me siento más cercana a él como resultado de que ambos hayamos leído este libro.

Gracias por tomarse el tiempo de leer esto,
Christine

¿Por qué hay tanto dolor en la Tierra? Aquí hay dos respuestas con las que no estoy de acuerdo. Realmente son la versión oriental y la versión occidental de la misma idea (profundamente equivocada):

1. Todo se debe a su karma. Alégrese de que el sufrimiento que ahora está tolerando esté «pagando» por los errores que usted cometió en una vida pasada.
2. El sufrimiento lo vuelve fuerte. Como somos criaturas «caídas», Dios nos pone pruebas para ayudarnos a sobreponernos a nuestra naturaleza de pecado.

He visto demasiado dolor a lo largo de mi vida —tanto por parte de pacientes que han sufrido, como por parte de sus familias y seres queridos que sufrieron— y demasiada alegría en los mundos del más allá como para creerme cualquiera de estas explicaciones. Creo que el ser al que yo llamo Dios/Om nos ama infinitamente: no desea «castigarnos» ni «darnos una lección» por nuestras malas acciones. La verdadera «explicación» del dolor y la falta de sentido que tan frecuentemente experimentamos en la Tierra, creo, es a veces mucho más profunda y mucho más simple.

Nuestro mundo —este mundo material— es el lugar donde el significado está camuflado. Es fácil perderlo de vista. Toda la realidad material está hecha de átomos y moléculas, y esos átomos y moléculas a su vez están hechos de partículas subatómicas que constantemente entran y salen del plano de la existencia. ¿A dónde se «va» un electrón cuando pasa de una órbita interior a una órbita exterior de un átomo o viceversa? No sabemos. Lo que sabemos es que la materia no se mantiene en existencia constantemente. Cambia una y otra vez. Pero aunque lo haga, realmente nunca desaparece de lleno, no está completamente ausente. Sabemos —a pesar de que ignoremos a dónde va cuando se ha ido— que regresará.

Si usted alguna vez estuvo en una obra teatral cuando era niño, quizá haya experimentado uno de esos momentos extraños en los que, tras perderse completamente dentro de su personaje, de repente recordó dónde estaba. Movió su pie y la duela crujió, ¡pum!, usted recordó que más atrás de las luces estaba un estadio escolar completo, con un público compuesto por personas que usted conocía, que habían venido a verlo actuar y que le deseaban que le fuera bien.

Nuestras vidas aquí en la Tierra son un poco parecidas a esto. Hay ocasiones —momentos como los que describieron tantas personas en este libro— en los que tenemos una ligera idea de dónde estamos en realidad y de quiénes somos en realidad.

¿Qué deberíamos hacer en semejantes momentos? ¿Congelarnos, olvidar nuestros parlamentos y no terminar el resto de la obra teatral? Por supuesto que no. Pero para los que estamos involucrados, como es el caso de todos, en este drama, en esta obra de la existencia terrenal, ese momento en que cruje la duela puede ser invaluable.

Debemos aprender de nuevo a ver este *mundo bajo la luz del cielo*. Debemos permitir que todo a nuestro alrededor brille con su absoluta individualidad, su naturaleza única y el valor que cada gorrión, cada brizna de pasto y cada persona que usted conoce tiene, porque cada uno de ellos es un ser cósmico multidimensional, que se manifiesta aquí y ahora como un ser físico.

Estamos en medio del salto más significativo en cuanto a la comprensión humana en la historia. En doscientos años la visión del mundo dentro de la cual actualmente nos manejamos les parecerá tan limitada e ingenua a los hijos de nuestros hijos como la de un campesino medieval nos parece a nosotros.

Estamos a punto de redescubrir el otro lado de la vida: un lado que una parte muy profunda y muy oculta de nosotros de hecho jamás olvidó, pero que la mayoría de nosotros mantiene en secreto ante nosotros mismos porque nuestra cultura nos dijo que así lo hiciéramos.

El mundo de la física subatómica no es el mundo de la espiritualidad. Pero como lo indica el antiguo documento hermético llamado *La tabla de esmeralda*, «lo que está arriba es como lo que está abajo». Los diferentes elementos de nuestro cosmos armonizan el uno con el otro. Lo que encontramos «acá abajo» lo encontramos en forma diferente «allá arriba». La forma que tiene la materia de literalmente entrar y salir de la existencia, en una forma extraña, es algo paralelo a la forma en que el significado puede parecer que desaparece por completo de nuestro mundo... para después regresar. Y cuando sabemos esto —cuando sabemos que el significado está ahí incluso cuando parece más ausente— entonces el júbilo, el tipo de júbilo del que Natalie Sudman habla en esa hermosa cita anterior, puede convertirse en un trasfondo constante de nuestras vidas, sin importar lo que esté pasando.

Estimado doctor Alexander:
Mi hija Heather nació en 1969 con parálisis cerebral severa. Nunca se sentó con la espalda recta ni habló, aunque exhibía conciencia de todo lo que la rodeaba. Se reía con frecuencia, vaya que se reía. Aunque los doctores dijeron que no viviría más allá de los 12 años, se murió a la edad de 20 en 1989. Un día después de que murió, cuando yo estaba podando el pasto para sacar su muerte de mi mente, literalmente me rodearon mariposas monarca que salieron de la nada. ¿Una señal de vida espiritual?

Adelantémonos a 1995. Estaba en la cama ya para dormirme y todavía estaba plenamente despierto y pregunté «¿cómo podría haber un Dios que permitiera que esto sucediera?». Al instante, una figura luminosa, completamente blanca, se apareció al lado izquierdo de la habitación. Era mi hija. Me señaló y gritó: «¡No, papi, estás equivocado!¡Mira!», dijo mientras señalaba al lado derecho de la habitación. Una nube ondulante de luz brillante y blanca envolvió la habitación. Al instante supe unas cuantas cosas aunque no se dijeron ningunas palabras. Es difícil describir los sentimientos de euforia que tuve. Supe que ella estaba bien y que era un ángel de Dios. Supe que todos estamos bien y lo que hay más adelante después de la muerte. Supe lo pequeños que somos comparados con nuestro Creador y que nuestra inteligencia es tan baja que resulta risible. Supe que era real y cuando alguien me pregunta "¿Usted cree en Dios?» respondo: «No, no solo creo, lo sé sin lugar a dudas».

No creo; sé.

CARL JUNG, CUANDO LE PREGUNTARON HACIA EL FINAL DE SU VIDA, SI CREÍA EN DIOS

«Toda clase de cosas irá bien», escribió la reclusa del siglo XIV Juliana de Norwich. Pero «todo irá bien» no es lo mismo que «todo está de maravilla». No significa que el mundo carezca de terrores y sufrimientos. Lo que significa es que podemos navegar este lugar si recordamos algo: que debajo de su aparente carencia de significado, hay un mundo de un significado que es tan rico que rebasa todo lo que pudiéramos imaginar. Un significado que engloba por completo el sufrimiento que vemos a nuestro alrededor y que, cuando regresemos al mundo que hay más allá de este, una vez más lo superará.

Jung colgó encima de la puerta de su hogar esta cita del teólogo holandés del siglo XV Desiderio Erasmo: «Llamado o no llamado, Dios está presente». En las dimensiones de arriba, el tiempo y el espacio tal y como las experimentamos aquí, y todos los pesares del corazón y las agonías y las confusiones de esta vida, ya han sanado. Mucha suerte con la posibilidad de entender esto. No se puede. No desde este nivel. Pero puede vislumbrar esto. Y de hecho recibimos estos vistazos todo el tiempo. Solo debemos recordar que tenemos permiso de estar abiertos ante ellos; de saber aquello que, a nivel profundo, de todas formas ya sabíamos.

Mi hija Joan fue matada por un coche cuando tenía siete años. Ella y yo éramos muy cercanas y yo estaba desconsolada. Ella estaba acostada en su ataúd en su recámara. Caí de rodillas a orillas de la cama. De repente sentí como si algo que se encontrara un poco atrás de mí estuviera tan sobrecogido por lástima que se estuviera consolidando a sí mismo. Luego sentí que me tocaban el hombro y esto duró solo un instante, y supe que había otro mundo.[33]

El significado siempre está aquí. Pero es fácil, quizá más fácil aquí donde estamos que en ningún otro lugar del universo, perder de vista este hecho. A veces,

---

33. Recuento 165 de RERC, citado en Fox, *Encuentros espirituales con fenómenos inusuales de luz: Formas de luz*, 26.

con frecuencia cuando las cosas están en su etapa más oscura, el mundo del más allá nos habla con el lenguaje, con los símbolos, de este mundo: a veces tan fuerte como el trueno, a veces tan suavemente como el golpeteo de un escarabajo en una ventana. Y con ello, regresa nuestra felicidad por la vida: una felicidad que puede estar aquí dentro de nosotros, como dice Natalie Sudman, a pesar del dolor del mundo, no en vez de él.

CAPÍTULO 7
El regalo de la esperanza

El mundo interior tiene sus nubes y sus lluvias, pero de otro estilo. Su cielos y soles son de otro estilo. Esto se vuelve aparente solo para los refinados: aquellos que no son engañados por la apariencia de estar completo del mundo común.

JALAL ALDIN RUMI, MÍSTICO DEL SIGLO X11

Como seres humanos, somos criaturas del tiempo. Vivimos en el tiempo como los peces en el agua, tan inmersos dentro de él que casi no lo notamos, salvo en los niveles más superficiales, a pesar de que, desde luego, somos sus esclavos. Sí, sabemos que llegamos tarde a una junta, pero no sabemos, ni nos detenemos para comprender plenamente, que el propio pensamiento no puede desenvolverse sin un elemento de tiempo. Tampoco el habla ni la interacción humana ni ninguna otra cosa. El mundo como actualmente lo experimentamos está construido a partir del tiempo, en combinación con espacio. Esta verdad no es aminorada por el hecho de que, desde la perspectiva de las dimensiones que están arriba de esta, el tiempo lineal se revela como una ilusión, tal y como sucede con el espacio euclídeo de todos los días.

Como en la Tierra vivimos y actuamos dentro del elemento del tiempo lineal, un mundo sin un futuro que uno pueda esperar parece horrible. Recuerdo cuando era adolescente, esos años cuando parecía que las experiencias nuevas nunca iban a acabar. Si usted es como mucha gente, puede haber notado que en cierto momento esas experiencias dejaron de aparecerse a un ritmo tan veloz e intenso. Quizá, usted podría haber pensado, la época de verdadero crecimiento y cambio ya acabó.

Antes de mi experiencia cercana a la muerte, yo mismo tenía esos pensamientos. No es que la emoción de vivir hubiera desaparecido, no exactamente. Amaba a mi familia y mi trabajo, y por supuesto que todavía quedaban muchos retos y aventuras en el futuro que me ilusionaban. Pero, a la vez, algo —una especie de sensación interna de expansión, de auténtica novedad que venía hacia mí con rapidez— sí se había frenado. Solamente iba a haber cierta cantidad más de nuevas experiencias. Y no iban a ser tan nuevas sorpresivamente, electrizantemente nuevas— como alguna vez lo habían sido. Yo conocía los límites del mundo. Nunca volvería a saltar por la puerta abierta de un avión a más de 850 m por primera vez. Nunca iba a sentir cómo lo nuevo llegaba aceleradamente hasta mí en esa forma. En pocas palabras, había perdido esperanza, puesto que eso es lo que la esperanza significa: una sensación de que algo realmente bueno y realmente nuevo viene en camino justo ahora.

Luego ocurrió algo nuevo.

Usted podría decir que mi vida volvió a florecer. Incontables poemas nos dicen que en la vida somos como flores, que florecemos como ellas, pero que también nos marchitamos y morimos como ellas. Crecemos y florecemos en la juventud, brillamos durante un breve momento pasajero con la perfección de la belleza y la juventud y la vida... y luego nos marchitamos y morimos.

¿O será que no? Así como las flores simbolizan la tragedia y la transitoriedad aparentes de la vida, también simbolizan lo que reside detrás de esa transitoriedad. Todo en la vida tiene un componente celestial, pero algunas cosas son más celestiales que otras, y en esta escala la flor está hasta arriba. Dante concluyó la Divina comedia con una descripción del Empíreo, el cielo más alto en su cosmología, como una rosa blanca. El Buda comparó la conciencia con el loto, una flor acuática que surge del lodo y la lobreguez que hay hasta el fondo de un estanque y florece sobre la superficie del agua de manera milagrosamente limpia y blanca. El sermón más famoso de Buda fue uno en el que no dijo nada, sino que solo sostuvo una flor.

Los seres humanos, desde la prehistoria profunda, hemos usado flores para conmemorar nuestros momentos humanos clave. Las flores están presentes en los inicios (nacimientos, graduaciones, bodas) y también en los finales (funerales). Las usamos durante esos momentos de «puntuación», porque en el pasado la gente sabía que lo más crucial que había que recordar en semejantes momentos era la realidad de los mundos de arriba. Al igual que nosotros, las flores están enraizadas en la tierra. Pero recuerdan de dónde vinieron, y siguen al sol por el cielo cada día. Pero lo más importante de todo es que las flores abren de golpe. Este repentino florecimiento es quizá el símbolo terrenal más perfecto de lo completo que todos nosotros anhelamos, y que solo llega a su existencia plena en las dimensiones más allá de esta.

Estimado doctor Alexander:
En octubre de 2007 a mi hijo de 18 años Ben le diagnosticaron una glioma ependimoma. Murió cinco meses después. El motivo de esta nota es que durante sus últimos tres días aquí… cayó en coma. Para una madre que está viendo cómo muere su hijo, bueno, obviamente es la experiencia más dolorosa, sin comparación con ninguna otra que surja durante la travesía que he realizado aquí… [T]eníamos a Ben en la casa para darle cuidados por su enfermedad terminal. Su cama de hospital estaba en nuestra recámara principal… Alguien siempre lo estaba abrazando, incluso antes de caer en coma; así era el arreglo. Él nunca debía estar solo, así que mi hermano biológico y mi hermana biológica, mi hija, mi esposo y yo tomamos turnos toda la noche, siempre había alguien acostado justo a su lado, abrazándolo.

Esa primera noche tuve un sueño: muy vívido, no un estado de sueño sino una experiencia. Antes de caer dor-

mida estaba abrazando a Ben y gritándole a Dios, pues me sentía tan desesperada y enojada y confundida. Bueno, en este sueño o más bien en esta experiencia rápidamente fui llevada hasta un cielo oscuro, pero ligero y todo estaba tranquilo y todo lo que sentí fue amor. Estaba nítido y claro, muy real. Supe que estaba con Dios... Miré a mi alrededor y vi pedazos de tierra, pequeños trozos de tierra que caían a mi alrededor y pregunté «¿Cuál es el significado?» y en mi espíritu escuché o supe que esto es lo que le está pasando justamente ahora a Ben conforme su cuerpo terrenal se vuelve menos terrenal... En un instante estuve sentada en la cama. Y supe que él ya estaba en el ámbito celestial. Murió dos días después.

Ese problema esencial humano —la pérdida de lo nuevo y la esperanza— para mí se solucionó en los mundos que están arriba de este. Mundos que, en sus etapas iniciales, están llenos de las cosas familiares de la tierra, solo que opulenta y extrañamente cambiadas: extrañamente nuevas. Conforme miré las flores que vi en el mundo que está más allá, me pareció que florecían una y otra vez. ¿Cómo podría ser que las flores, que en este nivel florecen y se marchitan, florecieran constantemente? No pueden hacerlo en este nivel, porque aquí estamos completamente inmersos en tiempo lineal recto, o en la ilusión de semejante tiempo. Aquí, las flores florecen y mueren, al igual que las personas nacen, envejecen y mueren. Por ello surgen todas esas bibliotecas de novelas y poemas respecto a la tristeza de la vida: a la tragedia de cómo empezamos jóvenes y fuertes y frescos, y luego vivimos y quizá aprendemos algunas lecciones, pero morimos antes de que podamos hacer nada excepto transmitirles algunas pistas a nuestros hijos para que ellos mismos puedan atravesar la cosa completa.

¡Qué tragedia!

Y efectivamente lo es, si limitamos nuestra visión solamente a este mundo y creemos que todo el crecimiento y cambio que experimentamos aquí no es lo que realmente es: solo un capítulo dentro de una historia mucho más larga. Nuestra cultura está obsesionada con la juventud porque hemos perdido el conocimiento antiguo de que el crecimiento jamás se detiene. No somos errores transitorios y momentáneos en el cosmos: curiosidades evolutivas que surgen como cachipollas, que componen un enjambre durante un día y desaparecen. Somos piezas clave que estamos aquí para quedarnos, y el universo se construyó con nosotros en mente. Lo reflejamos, con nuestros amores más profundos y nuestras aspiraciones más elevadas, justamente como él nos refleja a nosotros. «Lo que está arriba es como lo que está abajo».

Cuando regresemos a esos mundos tras el final de un tiempo de vida individual, sucede algo muy interesante, algo que uno ve constantemente en la literatura sobre experiencias cercanas a la muerte. La gente habla sobre quienes «la reciben», las personas que han conocido en la vida que están ahí para darles la bienvenida. Una y otra vez, pasa lo mismo. «Papá estaba ahí, pero no era como cuando estaba enfermo. De nuevo estaba joven y bien». «Vi a abuelita, pero estaba joven».

¿Cómo puede ser esto? Cuando dejamos este cuerpo en el que hemos estado viviendo y aprendiendo, no nos desaparecemos directamente hasta esas regiones más elevadas de las cuales ni siquiera podemos empezar a hablar desde donde estamos ahora. Nos vamos hacia donde yo me fui durante mi propia experiencia cercana a la muerte. Es un «lugar» (no es un lugar en el universo físico, pero ya para ahora estamos acostumbrados a las paradojas) donde retomamos la vida completa que vivimos linealmente aquí abajo, toda al mismo tiempo. Y lo que eso produce cuando lo ve alguien más, otra alma, es esa persona en su momento absoluta y brillantemente mejor. Si una persona ha vivido durante mucho tiempo, puede presentarse físicamente con el brillo pleno de su belleza de juventud, pero al mismo tiempo manifestar la sabiduría de sus años posteriores. Las personas que somos en el mundo que está arriba de este son seres multidimensionales: seres que contienen todo lo mejor de lo que fueron aquí en la Tierra *al mismo tiempo*. Si usted tiene un hijo adulto o una hija adulta, piense en todos los diferentes seres que ha sido a lo largo de los años: el bebé que abrió los ojos por primera vez en el hospital; el niño de cinco años que avanzaba sus primeros metros por su propia cuenta con su nueva bici. El adolescente que de repente revelaba una consideración y una profundidad que usted nunca había visto antes.

¿Cuál de ellos es su verdadero hijo? Usted sabe la respuesta, por supuesto. Todos lo son.

La vida en tiempo lineal —tiempo de la Tierra— permite el crecimiento precisamente porque toma desviaciones y se encuentra con obstáculos. El tiempo del cielo —las dimensiones de tiempo en las que entramos al dejar este cuerpo— permiten la plena expresión de esos seres que hemos trabajado tan arduamente por desarrollar al atravesar esas desviaciones y enfrentar esos obstáculos, que aquí están dentro de los límites de la temporalidad lineal. No al «sufrir porque nos hace bien», ni al cumplir nuestro karma pasado, sino al involucrarnos directamente con la opacidad y limitación exasperantes que definen a este mundo. Una de las percepciones más centrales de todas las creencias del mundo es que ningún sufrimiento ocurre dentro del mundo sin que Dios esté completamente involucrado en ello, y sin que de hecho esté sufriendo infinitamente más que nosotros, pues lo que Dios desea para nosotros son nuestra realización y plenitud, y el sufrimiento, de alguna manera completamente misteriosa, es un derivado de esa plenitud futura impactante. Todas las «líneas no vividas» que el poeta Rainer Maria Rilke dijo observar en los rostros de la gente que pasaba por su lado en la calle —esas líneas de posibilidad, de crecimiento, que aquí están tan horriblemente bloqueadas y descompuestas— tendrán oportunidad de ser realizadas en el mundo que está arriba de este.

Uno de los chistes más viejos sobre sobrevivir la muerte corporal es que sería aburrido vivir para siempre. La imagen trillada relacionada con esto es un grupo de personas aburridas que están sentadas sobre algunas nubes sin nada que hacer. Abajo, en el infierno, uno se imagina que al menos los diablos se están divirtiendo un poco.

Me encanta este lugar común porque afirma justamente lo que los mundos más allá de este no son. Si hay una palabra que describe esos mundos, es movimiento. Nada se queda quieto ahí ni por un momento. En la Tierra, usted o está en camino algún lado o está quieto. En los mundos más allá de este, el movimiento y la llegada están unidos. La alegría de viajar, y la alegría de llegar, se encuentran y se entremezclan.

Esto realmente no es tan descabellado como suena, si usted recuerda que la física ahora ha demostrado más allá de cualquier duda razonable que este mundo físico tan sólido como una roca que usted y yo actualmente habitamos es, de hecho, un espacio vacío en gran medida, y que la cantidad de materia minúsculamente pequeña en sí es solo una configuración especialmente densa de cuerdas de energía que vibran en un espacio-tiempo de una dimensión más elevada. Pero sigue siendo difícil de ver, porque aquí abajo el significado se oculta. Se oculta mucho menos conforme llegamos más arriba en los mundos que hay más allá de este. Ahí las cosas se convierten en toda clase de cosas diferentes a la vez, de modo que cuando usamos el lenguaje de mundo plano de la Tierra para describirlas, inmediatamente caemos en el riesgo de empezar a decir tonterías.

Así es que cuando miré para abajo, al pasear en esa mariposa que era simbólica y a la vez real, con esa chica que también era simbólica pero real, no solo vi flores que florecían una y otra vez, sino también personas. Y estaban haciendo algo que era análogo a lo que hacían esas flores perpetuamente florecientes.

Estaban bailando.

Al igual que la música, la danza es una actividad antigua, con orígenes que se remontan hasta los justos principios de la vida humana en el planeta. Y al igual que toda actividad humana primaria, refleja la realidad cósmica primaria: aquella de los mundos de arriba de los cuales provenimos. Cuando la gente baila, está actuando con esa parte de sí misma que sabe y recuerda de dónde viene y hacia dónde va. La que sabe que este mundo no es el final. Es por ello que la gente baila en las bodas, en esa ceremonia terrenal en la cual la unión de dos personas evoca la unión más grande del cielo y la tierra. Si la flor probablemente es el objeto más celestial que tenemos aquí en la Tierra, bailar probablemente sea la actividad más celestial. Y ambos apuntan hacia la misma verdad: que la vida más grande que anhelamos es real.

Bailar, al igual que cantar y al igual que la música, es temporal. Usted no puede tener baile o música sin tiempo. En el mundo al que entré durante mis días en coma, había música y había baile. Así que de nuevo, había tiempo, o más bien, el *tiempo profundo* de esos mundos. Era *un tipo de tiempo más rico y más espacioso* que el que experimentamos aquí en la Tierra.

El filósofo cristiano Tomás de Aquino tenía una palabra para este tiempo-sobre-el-tiempo con el que me encontré. Lo llamaba «*aeviternitas*», el tiempo de los ángeles. Él no creía que esto fuera un estado abstracto, sino uno muy real y muy activo. Este es un tipo de tiempo en el cual las flores florecen y vuelven a florecer. Y es donde la música y el baile jamás se detienen.

Los mitos y leyendas de pueblos indígenas de todo el mundo, desde el campo australiano hasta los bosques pluviales de Brasil, describen tierras más allá de la muerte donde bailar y otras actividades humanas que conocemos aquí en la Tierra se llevan a cabo para siempre. Los aborígenes de Australia le llaman a este lugar el Tiempo del Sueño y aseveran que este es el estado del cual los humanos provienen y al cual regresarán tras la muerte. Todos estos lugares, sospecho, son el mismo lugar. Los chamanes lo han estado visitando al menos durante treinta mil años, al igual que quienes viven una experiencia cercana a la muerte o quienes realizan una travesía fuera de su cuerpo en la actualidad. Es el lugar del cual todos venimos, y el lugar al cual todos regresaremos, intermitentemente, cuando nuestra travesía de vida individual termine, y permanentemente cuando el ciclo de creación actual llegue a su fin.

Y eso en caso de que termine. Porque los indios sienten que los mundos suben y bajan para siempre, y que cada nuevo ciclo de creación es una respiración de Brahma, Dios. Cuando Brahma exhala, un nuevo ciclo se crea. Cuando inhala, todo regresa al lugar de donde vino. Para aquellos que creen en la reencarnación (la evidencia científica de recuerdos de vidas pasadas en niños es avasalladora), este proceso definitivamente podría ser visto como algo que ocurriera después de una vida individual. En este escenario, todos los «usted» que su vida presente contiene (niño, adolescente, adulto) se convierten en un subconjunto de ese «usted» más grande que se mueve de una vida a otra, encarnándose una y otra vez mientras crece y evoluciona junto con el universo. Este «usted» al final de la travesía de reencarnación contiene todas las identidades que usted alguna vez tuvo aquí en la Tierra y todas aquellas identidades que usted alguna vez llegó a tener a lo largo del tiempo desde el pasado remoto. Como escribió el psicólogo Christopher Bache en su libro Noche oscura, amanecer temprano: «Ahora vemos que nuestra manera única de experimentar la vida, nuestra individualidad singular, ha emergido de un océano de tiempo tan vasto que casi es imposible de medir y que puede seguir desarrollándose todavía durante la misma cantidad de tiempo. La muerte solo es una pausa que pone puntuación a las temporadas de nuestra vida, nada más. Este conocimiento nos lleva al umbral de un nuevo entendimiento de la existencia humana».[34]

Justo en la manera en que nuestra vida es una travesía que engloba todas las personas diferentes en las

---

34. Bache, *Noche oscura, amanecer temprano*, 41.

que nos convertimos al pasar de la juventud a la edad adulta y a la vejez dentro de esta misma vida, es una travesía cósmica más grande que cada uno de nosotros atraviesa, durante la cual crecemos y cambiamos mucho más radicalmente que en esta vida terrenal individual. Sin embargo, en el núcleo de esta gran travesía, hay un solo ser que realiza la travesía, que al final de este ciclo cósmico podrá recordar todas las apariencias, todas las alegrías y pesares, todas las aventuras asombrosas que tuvo al pasar de una vida a otra. Este estado está tan elevado, tan adelante, tan alejado de todo lo que podemos comprender desde donde estamos, que siento que me estoy pasando de la raya simplemente por tratar de describirlo. Ya fue bastante difícil describir cómo es el cielo en sus niveles más cercanos. Pero es suficiente tener aunque sea la idea más estrecha y tenue de este futuro que aguarda mucho más adelante y que sin embargo está también aquí con nosotros. Ahora que sé que hay otras aguas, otros cielos, que hay otros paisajes similares a los terrenales en dimensiones por encima de esta, cada una con sus prados con flores o cascadas estruendosas o campos tranquilos repletos de animales y personas, y que cada uno de esos mundos es más hermoso y sutil y diáfano que el anterior, solo hace que yo ame y valore más sus equivalentes terrenales. ¿Por qué? Porque ahora veo de dónde provienen estos fenómenos terrenales: la realidad más elevada con la que fácil y naturalmente se relacionan, en ese sentido de «lo que está arriba es como lo que está abajo» que indica que todos los fenómenos de los mundos más elevados se relacionan con este. Y especialmente porque sé que lo que une a todos esos mundos, el hilo dorado que nos mantiene conectados sin importar qué tan lejos lleguemos, es el amor.

> *De vez en cuando he experimentado de nuevo esos maravillosos momentos de éxtasis, siempre en momentos completamente inesperados, a veces mientras estoy lavando o mientras realizo quehaceres del diario en la casa. Siempre llega este mismo sentimiento, que me deja llorando debido a una gran alegría y con una sensación de profunda reverencia y veneración y amor. Creo que la mejor forma de describirlo es como una forma de añoranza por el hogar, una «nostalgia por algún otro lugar», casi como si yo hubiera conocido una existencia con tanta belleza y felicidad indescriptible que de nuevo anhelo y añoro ese hogar... Incluso cuando todo parece haberse caído y se amontonan los problemas y he pensado que la duda era la única certeza, en el fondo más profundo de la desesperación, como a todo el mundo le sucede; incluso entonces ese anhelo por algo que yo había conocido en alguna parte me sustenta y me ayuda a salir adelante. ¿Podría ser un tipo de verdad evidente? Uno no puede sentir añoranza por el hogar con relación a algo que uno jamás ha conocido.*[35]

Conforme uno asciende por los niveles de los mundos más allá de este, los panoramas se vuelven menos atestados, menos poblados por cosas conocidas, y al mismo tiempo son bastante *más* conocidas. Solo que es

---

35. Recuento 975 de RERC, citado en Hardy, *La naturaleza espiritual del hombre*, 60.

un tipo distinto de familiaridad la que usted siente en estos mundos más elevados: una que representa un reto más grande, porque la realidades con las que usted está volviendo a entrar en contacto han estado alejadas de usted durante más tiempo que las de más abajo. Sin embargo, al mismo tiempo, estas realidades más elevadas le afectan en un lugar más profundo, porque mientras más elevados sean los mundos a los que usted vaya, más profunda es la parte de usted que está siendo tocada. En nuestro propio núcleo, profundamente debajo del carácter superficial que hemos construido a lo largo de esta vida, hay una parte de nosotros tan central, tan atemporal y tan fundamental que los místicos durante siglos han estado discutiendo cortésmente si es que este lugar es donde tenemos una intersección con Dios, o si es Dios en sí. Entiendo que las religiones orientales generalmente equiparan esta parte tan profunda y central de nosotros directamente con el Divino, mientras que las religiones occidentales tienden a mantener una distinción entre el alma individual o el ser y Dios. Algo de lo que estoy seguro es que debemos respetar lo que nos dicen los practicantes más elevados de *todas* las tradiciones, y recordar que cuando hablamos en un lenguaje común del diario respecto a estos ámbitos que estamos tratando de esquematizar y entender, en un grado u otro siempre somos como niños que hablan acerca de cosas que son demasiado pequeños para entender.

Pero una cosa que sí podemos entender desde nuestra perspectiva, ya sea solo abstracta o directamente, es que mientras más arriba lleguemos en los mundos espirituales a los que vayamos, también nos adentramos más profundamente dentro de nuestros seres, de modo que al final descubrimos que no solo somos mucho más enormes de lo que jamás hemos imaginado, sino que también así es el universo con el cual estamos completa, maravillosa e inextricablemente conectados.

Cuando los místicos dicen que los objetos terrenales no son «reales», que no poseen ninguna sustancialidad subyacente, no están denigrando esos objetos en absoluto, sino que en cierta forma de hecho están venerando esos objetos al mostrar de dónde provienen en realidad. La materia física es hija de los ámbitos espirituales; toda la realidad que este mundo tiene se debe a los mundos de arriba. Pero como todos los mundos simbolizan y se conectan el uno con el otro, los objetos que nos rodean —incluso los más transitorios y efímeros— sí son con certeza reales, porque este mundo, a pesar de ser tan bajo, a la vez está conectado con esos mundos más elevados. Así que nada de aquí abajo —y decididamente ningún ser vivo— es huérfano. Nada está totalmente perdido para siempre.

Lao Tzu, el fundador de la religión china del taoísmo, dijo que el tao es como una gran matriz que produce todo y, sin embargo, no contiene nada. Buda describió la verdadera realidad como un vacío: un vacío que al mismo tiempo no está vacío en absoluto, sino lleno más allá de cualquier posibilidad de comprender. Esos hombres estaban describiendo las regiones más elevadas de los cielos; de ahí que el nivel de paradoja en sus aseveraciones hubiera llegado a su punto más alto, pues mientras más arriba llegamos, más paradójicas se vuelven las cosas.

A pesar de lo difícil que es comprender estos conceptos desde donde estamos, y de lo distintos que pueden parecer a veces los mapas de los dominios espirituales trazados por las religiones del mundo, estoy empezando a entender que, en su punto más elevado, todas estas tradiciones están de acuerdo. Como científico que ha obtenido un vistazo del mundo del espíritu, creo que simplemente tiene que ser así, porque al igual que una montaña que tenga mil caminos hacia arriba, todos los mundos provienen de un solo lugar que también es en el cual terminan: ese centro de centros, esa cumbre de cumbres, y ese núcleo de núcleos que yo llamo, a pesar de que sé que la palabra no le hace justicia, el Divino.

Estimado doctor Alexander:
Experimenté algo sobre lo que nunca había escuchado antes ni escuchado después.

Como un poco de contexto... Mi padre, un prisionero de guerra en la Guerra de Corea, se estaba muriendo por una embolia pulmonar masiva y estaba en el aula de enfermos terminales en la Administración de los Veteranos. Justo cuando pensamos que todo había acabado, empezó a respirar profunda, deliberada y ruidosamente, y así siguió durante más de 24 horas. Las enfermeras nos dijeron que los veteranos de guerra tienen una experiencia de muerte distinta a los demás debido al entrenamiento para el combate y a la manera en que están programados para jamás rendirse.

Él y yo teníamos gran cercanía. Bueno, en cierto momento simplemente supe que era el fin, y automáticamente tomé su mano izquierda y coloqué mi mano derecha de modo que estaba ubicada sobre su arteria carótida y su pecho para sentir cuando se detuvieran su corazón y su respiración. Cerré los ojos para rezar, cuando de golpe fui lanzado hacia lo que solo puedo describir como una cruza entre una película y un sueño, aunque fue extremadamente vívido. Estuve planeando detrás y sobre él de manera muy similar a un camarógrafo— estaba ahí pero no participaba.

Él estaba luchando por sostenerse de unas rocas al lado de un arroyo que se movía con rapidez y claramente estaba exhausto y aterrorizado. De repente, la atención de nosotros dos fue captada por un brillo entre blanco y amarillo encima de la parte media del arroyo, que iluminaba una canoa blanca con un remo rojo que estaba parada sin moverse sobre el agua que corría. Al tiempo de emitir una especie de grito, mi papá soltó la roca y nadó rápidamente hacia la canoa y saltó hacia ella como si fuera el hombre saludable que había sido a sus veintitantos y treintaitantos años. Velozmente me fui hacia él y acabé justo detrás de su cabeza. Empezó a remar vigorosamente y solo una vez volteó hacia atrás para verme, con un aspecto de algo que solo puede ser descrito como felicidad en su rostro. Fue algo que reba-

sa a tal grado lo que puedo describir, que su poder y resplandor todavía me pueden abrumar.

Duró solo un momento. Luego dio la vuelta y continuó remando con entusiasmo. Se dio la vuelta en una esquina, llegó detrás de unos árboles y me quede atrás. Y pensé, bueno, eso es todo. Pero de repente, como si estuviera pegado a una liga, fui catapultado hasta la parte superior de un árbol hacia la izquierda y a cierta distancia. Allá abajo, en una especie de muelle en forma de u, había una multitud de personas que no me veían. Sus rostros estaban borrosos pero por sus cuerpos reconocí a miembros de la familia y antiguos amigos suyos. Mi papá llegó remando desde la derecha hasta que estuvo visible y tan pronto lo miró, la multitud empezó a gritar su nombre y a echarle porras para darle la bienvenida. Él parecía estar sobrecogido de placer, muy sonriente y casi un poco pasmado al principio. Luego salió de la canoa de un salto con el remo alzado como en señal de victoria y desapareció entre la multitud en medio de abrazos y palmadas en la espalda...

¡Bum! Estaba de nuevo al lado de su cama. Justo cuando empecé a abrir los ojos sentí su último pulso y aliento. Todavía está en mi mente de forma tan vívida como el día que sucedió hace casi cuatro años. Puedo recordar cada detalle [de la visión], desde la ropa que él traía, hasta el tipo de árboles, hasta los nombres de las personas que lo estaban esperando al frente. Y todavía puedo ver tanto el agotamiento como el temor que había en su cara cuando estaba sosteniéndose y la manera en que su cara se iluminó con esa última sonrisa que me

brindó. Siento que me permitió acompañarlo parcialmente a su vida después de la vida. Aunque yo era un observador y no un participante, esta experiencia de todas formas fue transformadora y fue un regalo de mi papá que yo jamás podría pagar. Realmente puedo sentir que YO MISMO estoy radiante y siempre me pongo sensible cuando cuento esta historia.

Repito, nunca había escuchado ningún relato como este, pero por supuesto que esto no cambia nada para mí. Fue lo más asombroso e inesperado que haya experimentado jamás, así como uno de los regalos más valiosos que haya recibido.

Adelántate a toda despedida.

RAINER MARIA RILKE

Las personas que somos a través de todas nuestras vidas un día se juntarán en un ser que combine todos los seres que hayamos sido a lo largo de este ciclo cósmico, y ese ser seguirá creciendo y creciendo hasta que finalmente se convierta en el ser semejante a un dios en el que cada uno de nosotros está destinado a convertirse. En este punto final todos estaremos en el «cielo», y recordaremos lo que la palabra *cielo* realmente significa, como parte del cuerpo de Dios.

Así que esas flores que florecían en forma perenne que yo vi —aquellos capullos en flor que eran puro movimiento, y al mismo tiempo pura quietud— esos me dieron el más poderoso indicio de lo que nosotros mismos somos conforme nos acercamos a ese punto de perfección incalculable que está «más adelante» desde una perspectiva, y que también, paradójicamente, está justo aquí y justo ahora.

He aquí un recuento proveniente de su esposa sobre los últimos días del crítico de cine Roger Ebert antes de sucumbir ante el cáncer:

El 4 de abril, él [Ebert] estaba de nuevo lo suficientemente fuerte como para que me lo llevara de regreso a casa. Mi hija y yo fuimos a recogerlo. Cuando llegamos, las enfermeras lo estaban ayudando a vestirse. Estaba sentado en su cama, y se veía realmente contento de irse a casa. Estaba sonriendo. Estaba sentado casi como Buda, y luego simplemente bajó la cabeza. Pensamos que estaba meditando, quizá reflexionando sobre sus experiencias, pues estaba agradecido de poder irse a casa. No recuerdo quién lo notó primero, quien revisó su pulso... Al principio, por supuesto, yo estaba completamente asustada. Hubo alguna cosa relacionada con un código y trajeron unas máquinas. Yo estaba aturdida. Pero cuando nos dimos cuenta de que estaba haciendo su transición desde este mundo hacia el siguiente, todo y todos nosotros simplemente nos calmamos. Apagaron las máquinas y ese cuarto estaba tan tranquilo. Puse la música que le gustaba, de Dave Brubeck. Solo nos sentamos ahí juntos en la cama, y le susurré al oído. No quería dejarlo. Me senté ahí con él por horas, solo sosteniendo su mano.

Roger lucía hermoso. Lucía realmente hermoso. No sé cómo describirlo, pero se veía tranquilo y se veía joven.

Hay un asunto que puede sorprender a la gente. Roger dijo que no sabía si podía creer en Dios. Tenía sus dudas. Pero hacia el final, pasó algo realmente interesante. Esa semana antes de que Roger falleciera, yo lo veía y él hablaba acerca de haber visitado este otro lugar. Pensé que estaba alucinando. Pensé que le estaban dando demasiados medicamentos. Pero el día antes de que falleció, me escribió una nota: «Todo esto es un engaño complejo».Le pregunté: «¿qué es un engaño?». Y estaba hablando acerca de este mundo, este lugar. Dijo que todo era una ilusión. Pensé que solo estaba confundido. Pero no estaba confundido. No estaba visitando el cielo, no en la manera en la que imaginamos el cielo. Lo describió como una inmensidad que uno no podría siquiera imaginar. Era un lugar donde el pasado, el presente y el futuro ocurrían al mismo tiempo.

Es difícil expresarlo en palabras. Yo simplemente lo amaba. Lo amaba tanto que creo que pensé que era invencible. A decir verdad, todavía estoy esperando que las cosas se desenvuelvan. Tengo esta sensación de que no hemos terminado. Roger no ha terminado. Para mí, Roger era mágico. Simplemente era mágico. Y todavía siento esa magia. Habló con él y me responde.[36]

Es fascinante, y siempre me conmueve, que las personas a punto de dejar este mundo pueden —a veces después de un largo y terrible sufrimiento— de repente tener un vistazo del lugar a donde van y de donde han realmente estado durante todo el tiempo que estuvieron aquí. Ebert, un hombre que se ganaba la vida con las palabras, le escribió a su esposa unas cuantas palabras que le daban lo que estoy seguro que él consideró que era el regalo más valioso que posiblemente pudiera dejarle: la verdad acerca de este mundo.

---

36. Este relato de Chaz Ebert apareció en *Esquire*, en diciembre de 2013.

Ebert tiene razón. Este mundo *sí* es una ilusión, un engaño. No es real. Y sin embargo, por supuesto que al mismo tiempo sí es real, y maravilloso y merecedor de nuestro más profundo amor y atención. Simplemente no debemos olvidar que no es todo lo que hay.

El mundo entero es un escenario,
y todos los hombres y mujeres son meros actores.

WILLIAM SHAKESPEARE

Aldous Huxley, un escritor que murió en 1963 tras una larga y dolorosa batalla contra el cáncer, le dictó su ensayo final (un artículo sobre Shakespeare solicitado por una revista) a su esposa unos cuantos días antes de fallecer. En ese ensayo, Huxley dijo algo sorpresivamente similar a lo que Ebert le escribió en esa nota a su esposa.

«El mundo es una ilusión —dijo Huxley—. Pero es una ilusión que debemos tomar en serio, porque es real mientras está. Debemos —alegaba Huxley— encontrar una manera de estar en este mundo al tiempo de no estar en él». Porque, para empezar, en realidad jamás estamos entera y completamente aquí. Venimos de otra parte, y estamos destinados a regresar a ella. Cuando pensamos que somos nuestros cerebros y cuerpos y nada más, perdemos la habilidad de ser verdaderos protagonistas, verdaderos héroes. Y como lo señaló Joseph Campbell una y otra vez, todos somos héroes. La palabra protagonista viene en parte de la palabra griega *agon*, que significa «concurso». La palabra agonía, desde luego, también proviene de ella, y es difícil negar que la vida es una lucha agonizante; para algunas personas durante la mayoría del tiempo, para la mayoría de las personas durante algo de tiempo. Pero es una lucha que conduce a algún lado. Ya con el concurso, el *agon,* de su vida terrenal completado, Huxley partió y dejó atrás una pieza de información que tenemos que recordar en este nivel, tal y como lo hizo Ebert. Este mundo no es todo lo que hay. Hay uno más grande, del cual este mundo terrenal que parece completo es la rebanada más pequeña. Ese mundo más grande está regido por el amor, y todos vamos camino a casa rumbo a él, así que nunca debemos perder las esperanzas.

Porque podemos recuperar lo perdido.

El final de nuestra travesía, el lugar al que vamos, no es un lugar que puede describirse con palabras. No por completo. «Lo opuesto de una declaración correcta —decía el físico Niels Bohr— es una declaración falsa».[37] Bohr dice que cuando usted entra con suficiente profundidad, las cosas ya no funcionan con ese principio ordenado de *esto o aquello*. Funcionan con un principio de *tanto esto como aquello*. Una partícula es una partícula y una ola. Una cosa es cierta y su opuesto es verdad. Sin divisiones somos uno con nuestro creador y somos seres separados. Somos uno con el universo y somos individuos. El tiempo se mueve hacia adelante y se mantiene quieto. Una partícula está de lado del

---

37. Citado en Delbruck, *La mente a partir de la materia*, 167.

universo... y, sin embargo, justamente al mismo momento, también está del otro lado. Pero porque todos los mundos en realidad son un mundo, podemos usar las palabras y los símbolos de esta tierra para *tratar* de describirlo. Así que decimos que será similar a un baile, similar a una boda, similar a una flor, similar al sonido de agua que corre y similar al destello del oro.

No lo puedo describir de mejor manera. Pero sé que está ahí. Y sé que es nuestro trabajo, como cultura, ayudar a todos nuestros miembros, desde el más joven hasta el más viejo, a recordar este hecho. A mantener vivo en todo momento el conocimiento de la realidad de los mundos que están encima de este. Quiero que esa mujer en el asilo de ancianos, que miró la profunda y deslumbrante oscuridad de los ojos de su nuevo esposo hace tantos años, sepa que su esposo todavía vive, y que él y ella, y todas las personas y los animales que ella llegó a amar, se volverán a reunir de nuevo en ese mundo que está más allá.

En uno de sus libros, Henry Corbin, estudioso del misticismo islámico, habla de una conversación que ocurrió en los años cincuenta durante una conferencia de estudiosos de religiones. Se dio durante el almuerzo. Corbin y otro estudioso estaban hablando con Daisetz T. Suzuki, el famoso estudioso japonés del budismo zen. Corbin le preguntó a Suzuki cuál había sido su primer encuentro con la espiritualidad occidental. Ante su sorpresa, Suzuki le dijo que años atrás había traducido al japonés cuatro libros de Emanuel Swedenborg.

Corbin y su amigo se sorprendieron. ¿Un estudioso del budismo zen no solo estaba leyendo la obra de un científico y visionario cristiano del siglo XVII, sino que además se estaba tomando la molestia de traducirlo al japonés? Le preguntaron qué similitudes encontraba entre Swedenborg y el zen.

Corbin escribe: «Todavía puedo ver a Suzuki en el momento en que de repente blandió una cuchara y dijo con una sonrisa: "Esta cuchara *ahora* existe en el Paraíso. Ahora estamos en el Cielo"».[38]

Me encanta esta historia. Un estudioso y místico de oriente homenajea a un estudioso y místico de occidente al usar el objeto más común y cotidiano que uno pudiera pedir.

Dondequiera que usted esté, ahora está en el cielo, al igual que hasta el último objeto, criatura y persona más humilde, más aparentemente insignificante, que lo rodee. No en una forma vaga, teórica y difícil de entender sino de la manera más sólida y real imaginable. Tan real, escribió esa persona que le respondió a Alister Hardy, "como agarrar un cable con corriente". Cada objeto que usted ve en el mundo que lo rodea existe dentro de una jerarquía de mundos, y así lo hace a cada segundo. Esto incluye la boca de la manguera de la bomba de gasolina que usted utilizó la última vez que llenó el tanque y el vaso de cartón aplastado por su pie al cual miraba fijamente de manera distraí-

---

38. Corbin, *A solas con lo solo*, 354.

da mientras el tanque se llenaba. El cielo es aquí. Pero nos hemos entrenado para no verlo, y es por ello que tantas partes de nuestro mundo están empezando a parecerse al infierno.

¿Por qué, durante mis días como paracaidista, fue que mis amigos y yo saltábamos de aviones que volaban a kilómetros por encima de la tierra y coordinamos nuestra caída libre para juntarnos durante unos cuantos segundos gloriosos para formar estrellas, copos de nieve o alguna otra formación en el cielo?

Bueno, era *divertido*. Pero también había algo más en juego: una sensación de que esto era «justo lo correcto» que yo percibía cuando me estiraba y, durante un momento, todos teníamos éxito al crear una de esas formaciones en el cielo. Durante los segundos en los que nos juntábamos todos en caída libre, éramos una reunión completa y armoniosa que estaba encima de la tierra. Es chistoso —y a la vez no es chistoso en absoluto— que durante mis días de paracaidismo, cuando mis amigos y yo saltábamos de aviones para formar estas breves reuniones en el cielo, con mucha frecuencia tenían forma circular. El círculo, como bien sabía Platón —es el símbolo de totalidad— del cielo y la tierra unidos, como una vez estuvieron y algún día lo volverán a estar. Y a cierto nivel, cuando caíamos a toda velocidad en el cielo y maniobrábamos para podernos conectar en esas figuras más grandes durante unos cuantos momentos maravillosos, lo sabíamos. Sabíamos, mis amigos y yo, exactamente lo que estábamos haciendo cuando formábamos esos círculos en el cielo que eran símbolos tan maravillosos de nuestro destino cósmico. A nivel profundo, todos nosotros sabemos exactamente lo que estamos haciendo a cada momento. Pero esa sabiduría se asoma y se hunde, se asoma y se hunde de nuevo. Es por eso que tenemos que esforzarnos tanto —más ahora que nunca antes— para recordar. Nunca hemos estado así de lejos.

Pero el viaje hacia afuera está terminando y el viaje de regreso está comenzando. Es por eso que, cuando recuerdo esos saltos, siempre pienso también en el primer salto que hice: el salto que fue mi iniciación a esa hermandad celestial, y la pregunta que mi profesor de salto me hizo cuando yo estaba parado a la orilla de la puerta, preparándome para saltar hacia la nada. Pienso en esa pregunta de dos palabras que me hizo mi instructor, la que les han hecho a tantos otros iniciados a lo largo de la historia, y mucho antes que eso. Una pregunta de dos palabras que le están planteando ahora mismo a nuestra cultura entera los mundos del más allá, mientras nos preparamos para entrar en lo que será la etapa más desafiante y más maravillosa de nuestra historia.

¿Estás listo?

RECONOCIMIENTOS

Durante mi odisea fantástica desde que regresé tras estar en coma en noviembre de 2008, he sido bendecido con la ayuda, la percepción y los ánimos de miles de almas de todas partes del globo, cuyas cartas, correos electrónicos y conversaciones incontables me han traído fuerza y convicción. Mi gratitud sincera va para todos ellos (especialmente para aquellos cuyas historias están incluidas en este libro).

Mi hermana Phyllis Alexander ha sido una tremenda bendición para mí y para otros al intentar fomentar una conexión sincera con las almas que se acercan a mí. Mi sobrina Dayton Slye también ha ayudado con este esfuerzo continuo.

Karen Newell, mi alma gemela a todos los niveles, por compartir su pasión y su sabiduría y por ayudarme a traer el amor que todos somos hacia la realidad de este mundo, para transformarlo para siempre en un lugar mucho mejor.

Mi extraordinaria agente literaria, Gail Ross, y sus socios, Howard Yoon, Dara Kaye (quien, junto con mi hermana Phyllis, ha sido grandemente responsable por hacer que sea manejable mi agenda agitada), Anna Sproul Latimer y otros en la Agencia Ross Yoon.

Priscilla Painton, vicepresidenta y editora literaria ejecutiva; Jonathan Karp, vicepresidente ejecutivo y editor; Hadley Walker, Anne Tate Pearce y muchos de sus socios en Simon & Schuster por su extraordinaria visión, pasión y gran esfuerzo por hacer que este mundo sea un lugar mejor.

Mi coautor, Ptolemy Tompkins, por su gran sabiduría, su percepción y su habilidad para escribir.

Raymond y Cheryl Moody, Bill Guggenheim, John Audette, Edgar Mitchell, Elizabeth Hare, Bob Staretz, Gary y Rhonda Schwartz y muchos otros que ayudaron a desarrollar Eternea.org para educar al público respecto a la física de la conciencia y la convergencia de la ciencia con la espiritualidad.

Bruce Greyson, Ed Kelly, Emily Williams Kelly, Jim Tucker, Ross Dunseath y todos los científicos de la División de Estudios Perceptuales de la Universidad de Virginia, por su trabajo valeroso para llevar a la ciencia moderna hacia un conocimiento mucho más grande.

Cuantiosos amigos adicionales cuyos actos de amor y cariño han contribuido grandemente a lo largo de mi travesía: Jody Hotchkiss, Chuck Blitz, Ram Dass, Gary Zukav y Linda Francis, Kevin y Catherine Herrmann Kossi, Alexandre Tannous, Anita y Danny Moorjani, Michael y Margie Baldwin, Virginia Hummel, Bharat Mitra y Bhavani Lev, Debra Martin y Sheri Getten, Larry Dossey, Pim van Lommel, Gary Gilman, Michael y Suzanne Ainslie, Joni Evans, Mary Wells Lawrence, Terre Blair

Hamlisch, Judith Caldwell, Alex y Jean Trebek, Terri Beavers, Jay Gainsboro, Tyan Knighton y muchos otros.

Sobre todo, a mi familia querida por su amor sin límites y su apoyo continuo para ayudarme a lograr un mejor entendimiento de todo: mis hijos enviados desde el cielo, Eben IV y Bond; mis amados padres, Betty y Eben Alexander Jr.; mis hermanas Jean, Betsy y Phyllis; mi anterior esposa, Holley Bell Alexander; mi amorosa familia biológica, y en especial mi difunta hermana biológica, también llamada Betsy, a quien nunca conocí en este mundo. Ella sigue ayudando a millones con su alma amorosa.

Mi gratitud, muy en especial hacia Dios, va más allá de todas las palabras posibles.

Eben Alexander

Trabajar con Eben ha sido una de las grandes aventuras de mi vida. Además de a él y a nuestra maravillosa editora literaria, Priscilla Painton, quisiera expresar mi gratitud hacia Kate Farrell, Jerry Smith, Gene Gollogly, Art Klebanoff, Terry McGovern, Karl Taro Greenfeld, Bill Manning, Alexander Vreeland, Sydney Tanigawa, Sophia Jimenez, Steve Sittenrich, Phil Zaleski, Ralph White, Chris Bamford, Richard Ryan, Richard Smoley, Oliver Ray, Bokara Legendre, Michael Baldwin, Elise Wiarda, Dave Stang, Gary Lachman, Mitch Horowitz, Godfrey Cheshire, Rene Goodale, Robin y Stuart Ray, Christie Robb y en especial a mi esposa, Colleen, y a mis hijastras, Evie, Lulu y Mara.

Ptolemy Tompkins

APÉNDICE
Las respuestas se encuentran dentro de todos nosotros

> *El conocedor del misterio de sonido conoce el misterio de todo el universo.*
>
> HAZRAT INAYAT KHAN (1882-1927)

¿Quiénes somos? ¿De dónde venimos?¿Hacia dónde vamos?

De mi travesía, aprendí que un verdadero buscador o una verdadera buscadora debe entrar profundamente a su propia conciencia para acercarse más a la posibilidad de darse cuenta de la verdad sobre nuestra existencia. Simplemente leer y escuchar acerca de las experiencias e ideas de otras personas no es suficiente. Como hemos visto, el dogma científico y religioso no siempre es correcto y es importante desarrollar un alto nivel de confianza en nuestro propio sistema interno de orientación, más que seguir ciegamente a los supuestos expertos.

No es necesario atravesar una experiencia cercana a la muerte u otro tipo de evento externo que proporcione este conocimiento; puede cultivarse intencionalmente. Quienes han meditado por tiempo prolongado y los místicos han demostrado esto desde hace milenios. Me tomó unos cuantos años tras salir de mi estado de coma para entenderlo, pero finalmente me di cuenta de que tenía que desarrollar un patrón habitual de meditación para ampliar mi relación con el ámbito espiritual. Descubrí que podía volver a visitar algunos de los ámbitos suprafísicos más profundos de mi travesía en pleno estado de coma a través de meditaciones realzadas por sonido que eran, para mí, una forma de oración que me hacían sentirme centrado. Estas meditaciones me ayudaron no solo a volver a acceder a elementos de la travesía que realicé al estar en coma, sino también a alcanzar niveles profundos dentro de la conciencia. Así como un sonido había facilitado las transiciones en mi travesía en estado de coma hacia ámbitos más profundos y más ampliados, el sonido puede desempeñar un papel importante para todos nosotros, aquí y ahora.

En la época en que caí en estado de coma en noviembre de 2008, había estado trabajando para la Fundación de Cirugía de Ultrasonido Focalizado durante más de un año. Ahí, mi principal función era coordinar investigaciones médicas globales respecto a esta tecnología poderosa e innovadora, la cual yo me había encontrado por primera vez al trabajar en el proyecto de Generación de Imágenes por Resonancia Magnética Intraoperatoria (iMRI, por sus siglas en inglés) en la facultad de medicina de Harvard a principios de los años noventa. Al desempeñar ese papel, yo estaba aprendiendo acerca del amplio espectro de interacciones benéficas que el sonido podía tener con la materia. Específicamente, estaba viendo cómo los efectos térmicos y mecánicos del ultrasonido —el sonido de una frecuencia superior a veinte mil ciclos por segundo, o hertz (Hz), el límite superior de la audición humana— podían ser guiados a través de generación avanzada de imágenes por resonancia magnética (o MRI, por sus siglas en inglés) y revolucionar la medicina a través de una gama de terapias. Resulta ser que el trabajo que hice ahí apenas equivalía a rascar la superficie en cuanto a cómo puede influir el sonido en el mundo material.

Como lo saben los lectores de *La prueba del cielo*, la música, el sonido y la vibración fueron la clave para acceder al espectro completo de ámbitos espirituales durante mi experiencia cercana a la muerte: desde la Melodía Giratoria de pura luz blanca que me rescató del Punto de Vista de la Lombriz y sirvió como portal hacia el Valle de la Entrada ultrarreal hacia los coros angelicales cuyos cantos e himnos fomentaron mi ascenso más allá de ese idílico valle celestial, a través de dimensiones más elevadas, hasta que finalmente llegué al Núcleo, más allá de todo espacio y tiempo. Fue en el Núcleo que sentí el asombro estruendoso del Om, el sonido que asocié con ese Ser infinitamente poderoso, conocedor y amoroso, esa Deidad que va más allá de la posibilidad de nombrarla o describirla: Dios.

Una de las preguntas más comunes después de mis presentaciones es si recuerdo la música, especialmente la Melodía Giratoria. La respuesta es que he perdido el recuerdo de esos sonidos mágicos. Pero he trabajado con distintas personas en un esfuerzo por recuperarlos en este ámbito terrenal. Saskia Moore, quien vive en Londres, encontró cierta correlación entre elementos que identifiqué de la música de mi experiencia cercana a la muerte y música similar que ella ha identificado entre otras personas que han vivido experiencias cercanas a la muerte en su proyecto «Sinfonía muerta».[39]

Una experiencia extraordinaria con el sonido y la meditación surgió de una sesión que pasé con Alexandre Tannous, un etnomusicólogo e investigador del sonido que ha estudiado y practicado terapia del sonido. Conocí por primera vez a Alexandre en una conferencia sobre morir y la muerte dentro del Foro de Bioética en Madison, Wisconsin. Cautivó al público entero con su encantadora meditación con sonido para la cual utilizó gongs, carillones de barra y cuencos cantantes tibetanos antiguos.

Unas cuantas semanas después, me reuní con él para hacer una sesión privada en su estudio en la ciudad de Nueva York. Me proporcionó una asombrosa travesía del sonido que ofrecía una experiencia completamente ajena a este universo. Estuve tan impactado ante la realidad del mundo al que entré a través de los sonidos que produjo: un mundo con leyes de física completamente distintas. Vi pastos que se meneaban suavemente junto a un río que fluía y presencié la ro-

---

[39]. Para más información sobre el proyecto «Sinfonía muerta» de Moore, visite http://saskiamoore.tumblr.com/deadsymphony

tación de una galaxia cercana en los cielos nocturnos. Mi experiencia del tiempo cambió totalmente: se sintió como una travesía de muchas horas, pero en realidad solo tomó una fracción de ese tiempo. Mi descripción puede evocar una experiencia de drogas alucinógenas, pero esta travesía extraordinaria fue el resultado de puro sonido.

Eso es porque todo es una vibración. Nuestros sistemas sensoriales, especialmente los ojos y los oídos, procesan información a través de las frecuencias de ondas que vibran, ya sean de radiación electromagnética (luz visible ante el ojo humano) u ondas de sonido en el aire que golpean el tímpano. De igual manera, el actual modelo neurocientífico de la función cerebral se basa en el hecho de que el procesamiento de la información es enteramente el resultado de vibraciones, de los patrones de disparo temporalespacial de una red enormemente rica de neuronas en el cerebro humano. La neurociencia diría que todo lo que usted ha llegado a experimentar no es nada más que esas vibraciones electroquímicas en el cerebro: un modelo de la realidad, no la realidad en sí.

Antes de mi coma, yo sabía poco acerca de la importancia del sonido en ciertas tradiciones religiosas y de meditación. Desde entonces, he aprendido mucho acerca del significado del sonido Om en particular, especialmente dentro de la tradición hindú, donde es el sonido principal que se usa al entonar mantras. Om ha sido descrito como la vibración primordial que permitió que surgiera la materia en nuestro mundo actual.

Mi experiencia en el Núcleo me enseñó que Om efectivamente está en el origen de toda la existencia.

Mucha de mi investigación actual, por consiguiente, involucra el uso de sonido (música y otras manipulaciones de las diversas frecuencias de sonido) para producir estados trascendentales profundos de la conciencia. A través de esta investigación, he tratado de sacar «de la ecuación» a mi cerebro físico para neutralizar el procesamiento de información de mi neocorteza para liberar mi conciencia. Busco imitar el gran realce de la percatación consciente que experimenté por primera vez debido a mi meningitis (y la consecuente destrucción neocortical) cuando seguí la luz blanca clara (la Melodía Giratoria) para pasar del Punto de Vista de la Lombriz hacia la brillante ultrarrealidad del Valle de la Entrada. Los coros angelicales que ahí había proporcionaron otro portal que me guiaba a través de dimensiones más altas hasta el Núcleo. Supuse que podría usar el sonido para volver a visitar los ámbitos de la odisea que tuve al estar en un profundo estado de coma, y que podría hacerlo al sincronizar mis ondas cerebrales con frecuencias específicas.

En su forma más sencilla, esto involucra el uso de tonos de frecuencia ligeramente distinta, presentados por medio de audífonos a los dos oídos. Por ejemplo, presentar una señal de 100 Hz a un oído y un tono de 104 Hz al otro brinda la sensación de un sonido tembloroso de 4 Hz, un «ritmo binaural», de la diferencia entre los dos datos. Ese sonido «rítmico» no existe como tal fuera del cerebro, no es un «sonido» que otros escucharían.

El circuito neuronal en el tronco encefálico inferior que genera el ritmo binaural está adyacente a un circuito primitivo que, de acuerdo con las ideas neurocientíficas modernas sobre la conciencia, es el mecanismo fundamental que marca el tiempo para unir muchos nódulos neuronales separados y formar la «unidad» de la percepción consciente. Mi teoría es que esto permite que la frecuencia del ritmo impulse o «encamine» la actividad eléctrica dominante en la neocorteza, y por lo tanto que module su funcionamiento general.

Fue dentro de este contexto que me encontré con Karen Newell en noviembre de 2011. Karen tenía profundo conocimiento, sabiduría y experiencia que en muchos niveles complementaban mi propia travesía. Ella y el ingeniero/compositor de audio Kevin Kossi, cofundadores de Acústica Sagrada, habían estado trabajando juntos durante casi un año para usar este tipo de frecuencias sincronizadas para lograr estados de conciencia alterados con regularidad. Llegué a darme cuenta de que sus técnicas podrían tener un tremendo potencial para ayudarme a alcanzar esos extraordinarios ámbitos espirituales que quería volver a visitar. Tras escuchar sus grabaciones por primera vez, me sorprendió su poder para liberar mi conciencia de las limitaciones de mi cerebro. Parte de su técnica incluye retomar frecuencias y armonías que se encuentran en el mundo natural. También se inspiran en la acústica que hay en estructuras sagradas antiguas.

Nuestros antepasados estaban conscientes del sonido como herramienta para acceder a los ámbitos espirituales. El grupo de Investigación de Anomalías de Ingeniería de Princeton (PEAR, por sus siglas en inglés), establecido en 1979, dedicó varias décadas a estudiar el papel de la conciencia en la realidad física, lo cual incluyó investigaciones sobre arqueoacústica (el estudio de las propiedades acústicas de antiguos sitios para rituales). Un estudio de PEAR[40] en Gran Bretaña involucró medir la resonancia acústica en antiguas estructuras hechas por el hombre. A pesar de los muchos y muy distintos tamaños y formas de varios recintos, se encontró que muchos resonaban dentro de un rango de frecuencia similar de 95 a 120 Hz. Este rango es similar al que se encuentra en el rango vocal del varón humano. Algunos han especulado que el canto humano tuvo lugar en esas ubicaciones, y fue realzado por la resonancia, para acceder a estados de conciencia no locales.

De acuerdo con las investigaciones sobre acústica realizadas en la Gran Pirámide de Giza en Egipto, los constructores intencionalmente incluyeron características que creaban resonancia en los rangos frecuencia más bajos (18 Hz) asociados con los estados de meditación trascendental y de sueño. Los visitantes modernos que pasan tiempo dentro de la Cámara del Rey dentro de la Gran Pirámide reportan experiencias mís-

---

40. http://www.princeton.edu/~pear/pdfs/1995-acoustical-resonances-ancient-structures.pdf

ticas al producir cantos vocales y otros sonidos. Muchas de las magníficas catedrales medievales de alrededor del mundo también son conocidas por sus cualidades acústicas, que permiten que la música del órgano y los himnos del coro resuenen con la estructura del edificio y proporcionan una experiencia espiritual edificante a los participantes. Esto es muy evidente en la Catedral de Nuestra Señora de Chartres en Francia. Al igual que la gran pirámide, Chartres fue construida para dar realce a armonías específicas. Los cantos gregorianos son particularmente poderosos en ese lugar. Su propósito era ayudar a quienes escucharan y también a los vocalistas a conectarse de manera más personal con el Divino.

Como neurocirujano, desde décadas atrás ya sabía que solo una fracción minúscula de la neocorteza en realidad se dedica a generar y entender el habla y producir los propios pensamientos conscientes de uno. Desde principios de los años ochenta, los experimentos de Benjamin Libet y otros revelaron que la pequeña voz dentro de nuestra cabeza, el «cerebro lingüístico», ni siquiera es el encargado de tomar decisiones dentro de nuestra conciencia. Este cerebro lingüístico, fuertemente ligado con el ego y los conceptos respecto a uno mismo, es solo un espectador: se le informan las decisiones conscientes de 100 a 150 milisegundos después de que tales decisiones han sido tomadas. El origen de esas elecciones es un misterio mucho más profundo. El doctor Wilder Penfield, uno de los neurocirujanos más reconocidos del siglo XX, declaró en su libro de 1975, *El misterio de la mente*, que la conciencia no está *creada* por el cerebro físico. Tras décadas de trabajo dedicadas a estimular eléctricamente los cerebros de pacientes despiertos, sabía que a lo que nos referimos como libre albedrío, conciencia o mente parece tener influencia sobre el cerebro físico «desde afuera», y *no* está creado por él.

La verdadera profundidad de la conciencia accesible no me quedó clara sino hasta después de mi estado de coma, y esa profundidad se ha vuelto mucho más evidente para mí desde que empecé a trabajar con Acústica Sagrada. Estas meditaciones realzadas por el sonido me han ayudado a apagar esa pequeña voz dentro de mi cabeza y ese constante flujo de pensamientos (el cual no es nuestra conciencia), y conectarme con el *observador* interno de esos pensamientos, lo cual acerca mi conciencia más a mi propio ser auténtico. Al deshabilitar temporalmente el parloteo del cerebro lingüístico (el ego/el yo), tan asociado con el miedo y la ansiedad, y cultivar nuestra percatación por medio de la meditación, empezamos a acceder a la verdadera naturaleza de la conciencia, y de la existencia.

Al igual que los reportes de experiencias cercanas a la muerte, que difieren, cada individuo experimentará esta percatación en una forma distinta. A través de mis meditaciones, he tenido bastante éxito al regresar a esos ámbitos que encontré por primera vez al estar en un profundo estado de coma. También he podido percibir y comunicarme con el alma de mi padre, algo tan claramente ausente durante mi experiencia cercana a la muerte. Otros han reportado concentración mejorada, asombrosas inspiraciones creativas, la recuperación de recuerdos perdidos de la niñez, percatación, orientación e intuición ampliadas. Algunos incluso se han conectado directamente con ámbitos no físicos y con la unidad de la conciencia universal que inspira asombro. Cada una de nuestras travesías es única, las posibilidades son ilimitadas. El regalo de la percatación nos proporciona el potencial para explorar por nuestra cuenta la verdadera naturaleza de la conciencia y nuestra conexión personal con todo lo que existe.

Conforme cada uno de nosotros se despierta ante el hecho de que nuestra percatación individual es parte de una conciencia universal mucho más grande, la humanidad entrará en la fase más grandiosa de toda la historia que se ha registrado, durante la cual obtendremos una comprensión más profunda de la naturaleza fundamental de toda la existencia. Esto involucrará la consolidación de la sabiduría de milenios, una fusión de la ciencia y la espiritualidad, y una convergencia de los más grandes conceptos respecto a la naturaleza de nuestra existencia. Las respuestas residen dentro de todos nosotros.

¿Estás listo?

BIBLIOGRAFÍA

Alexander, Eben, *La prueba del cielo: El viaje de un neurocirujano a la vida después de la muerte*, Simon & Schuster, Nueva York, 2012.

Alexander, Eben, y Karen Newell, *En busca del cielo: Travesías de sonido hacia más allá*, Audiolibros Simon & Schuster, Nueva York, 2013.

Anderson, William, *Dante el hacedor*, Hutchison, Londres, 1983.

_____, *El rostro de la gloria: Creatividad, conciencia y civilización*. Plaza de Trafalgar, Londres, 1996.

Arkle, William, *Una geografía de la conciencia*, Neville Spearman, Londres, 1974.[41]

Bache, Christopher, *Noche oscura, amanecer temprano: Pasos para una profunda ecología de la mente*, Editorial de la Universidad Estatal de Nueva York, Albany, 2000.

Baker, Mark C. y Stewart Goetz (eds.), *La hipótesis del alma: Investigaciones sobre la existencia del alma*, Continuum International, Londres, 2011.

---

41. Arkle actualmente es poco conocido, pero es un pensador extraordinario cuyas experiencias se traslapan de manera asombrosa con la mía.

Blackhirst, Rodney, *Alquimia primordial y religión moderna: Ensayos sobre la cosmología tradicional*. Sophia Perennis, California, 2008.[42]

Bucke, Maurice, *Conciencia cósmica: Un estudio sobre la evolución de la mente humana*, Dutton, Nueva York, 1956.

Chalmers, David J., *La mente consciente: En busca de una teoría fundamental*. Editorial de la Universidad de Oxford, Oxford, 1996.

Corbin, Henry. *El hombre de luz en el sufismo iraní*, traducido por Nancy Pearson, Omega Publications, Colorado, 1994.

_____, *Cuerpo espiritual y tierra celestial*, traducido por Nancy Pearson, Editorial de la Universidad de Princeton, Princeton, 1989.

_____, *A solas con lo solo: La imaginación creativa en el sufismo de Ibn 'Arabi*, traducido por Ralph Manheim, Editorial de la Universidad de Princeton, Princeton, 1989.

Crookall, Robert. *La aventura suprema: Análisis de comunicación psíquica*, James Clarke, Londres, 1961.

Dalái Lama (Su Santidad el Dalái Lama), *La mente despierta: Cultivar la sabiduría en la vida cotidiana*, Harmony Books, Nueva York, 2012.

_____, *El universo en un solo átomo: La convergencia de la ciencia y la espiritualidad*, Broadway Books, Nueva York, 2005.

De Chardin, Teilhard. *Cristianismo y evolución: Reflexiones sobre la ciencia y la religión*, traducido por René Hague, Harcourt Brace Jovanovich, California, 1971.

---

42. Es sorprendente cuántos puntos de vista dramáticamente discrepantes existen respecto a lo que Platón realmente pensaba. Esta brillante colección de ensayos es una lectura esencial para cualquiera que se interese por lo que Platón significa hoy para nosotros.

_____, *El corazón de la materia*, traducido por René Hague, Harcourt Brace Jovanovich, California, 1978.

Delbruck, Max. *La mente a partir de la materia: Un ensayo sobre epistemología evolutiva*, Blackwell Scientific Publications, California, 1986.

Devereux, Paul, *Bandas sonoras de la Edad de Piedra: La arqueología acústica de sitios antiguos*, Vega, Londres, 2002.

Dossey, Larrey, *Una mente: Cómo es que nuestra mente individual es parte de una conciencia más grande y por qué es importante*, Hay House, California, 2013.[43]

_____, El poder de las premoniciones: Cómo es que conocer el futuro puede *darle forma a nuestras vidas*, Dutton, Nueva York, 2009.

Elder, Paul. *Ojos de un ángel: Viajes del alma, guías espirituales, almas gemelas y la realidad del amor*, Hampton Roads, Virginia, 2005.

Elkington, David, y Paul Howard Ellson, *En el nombre de los dioses: El misterio de la resonancia y el Mesías prehistórico*, Green Man Press, Reino Unido, 2001.

Findlay, J.N., *La trascendencia de la cueva*, George Allen & Unwin, Londres, 1967.

Fontana, David, ¿Hay una vida después de la muerte? Una visión de conjunto *abarcadora de la evidencia*, IFF Books, Reino Unido, 2005.

_____, *La vida más allá de la muerte: ¿Qué debemos esperar?*, Watkins, Londres, 2009. [44]

Fox, Mark, *Religión, espiritualidad y la experiencia cercana a la muerte*, Routledge, Nueva York, 2002.

---

43. Dossey resume las más recientes investigaciones sobre la conciencia y sus implicaciones para todos nosotros.

44. Fontana es uno de los autores favoritos de Ptolemy y mío. Estos dos libros son clásicos.

_____, *Encuentros espirituales con fenómenos inusuales de luz: Formas de luz*, Editorial de la Universidad de Gales, Cardiff, 2008.

Godwin, Joscelyn, *El hilo dorado: La sabiduría atemporal de las tradiciones occidentales del misterio*, Quest Books, Illinois, 2007.

Groll, Ursula, *Swedenborg y el nuevo paradigma de la ciencia*, traducido por Nicholas GoodrickClarke, Swedenborg Foundation Publishers, Pennsylvania, 2000.

Grosso, Michael, *La decisión final: Jugar el juego de la supervivencia*, New Hampshire, 1985.

Guggenheim, Bill y Judy Guggenheim, *¡Hola desde el cielo!*, Bantam Books, Nueva York, 1995.

Hale, Susan Elizabeth, *Espacio sagrado, sonido sagrado: Los misterios acústicos de los lugares santos*, Quest Books, Illinois, 2007.

Happold, F. C., *Misticismo: Un estudio y una antología*, Penguin, Nueva York, 3ª edición. 1990.[45]

Hardy, Alister, *La naturaleza espiritual del hombre*, Clarendon Press, Nueva York, 1979.

Head, Joseph y Cranston, S. L., *Reencarnación: El misterio del fuego del Fénix. Un diálogo orienteoccidente sobre la muerte y el renacimiento tomado de los mundos de la religión, la ciencia, la psicología, la filosofía, el arte y la literatura, y de los grandes pensadores del pasado y el presente*, Julian Press, Nueva York, 1977.

Hogan, R. Craig, *Su ser eterno*, Greater Reality Publications, Illinois, 2008.

Holden, Janice, Bruce Greyson y Debbie James, (eds.), *El manual de las experiencias cercanas a la muerte: Treinta años de investigación*, Praeger, California, 2009.

---

45. Una encuesta fascinante sobre experiencias místicas de todo tipo y una de las favoritas de Ptolemy.

Houshmand, Zara, Robert B. Livingston y B. Alan Wallace (eds.), *Mente y conciencia: Conversaciones con el Dalái Lama sobre la ciencia del cerebro y el budismo*, Snow Lion, Nueva York, 1999.

Jahn, Robert G. y Brenda J. Dunne, *Al margen de la realidad: El papel de la conciencia en el mundo físico*, Harcourt Brace Jovanovich, Nueva York, 1987.

Jung, C. G., *Recuerdos, sueños, pensamientos*, registrado y editado por Aniela Jaffé, Vintage, Nueva York, 1987.

_____, *Sincronicidad: Un principio conector acausal*, Editorial de la Universidad de Princeton, Princeton, 2010.

Kason, Yvonne y Teri Degler, *Una costa más lejana: Cómo las experiencias cercanas a la muerte y otras experiencias extraordinarias pueden transformar vidas ordinarias*. Harper Collins, Nueva York, 1994. (Editado nuevamente como *Costas más lejanas*, iUniverse, 2008).

Kelly, Edward F., Emily Williams Kelly, Adam Crabtree, Alan Gauld, Michael Grosso y Bruce Greyson, *Mente irreducible: Rumbo a una psicología para el siglo XXI*, Rowman & Littlefield, Maryland, 2007.

Knight, F. Jackson, *Elysion: Sobre las ideas griegas y romanas antiguas respecto a una vida después de la muerte*, Rider, Londres, 1970.[46]

KüblerRoss, Elisabeth, *Sobre la vida después de la muerte*, Ten Speed Press, California, 1991.

Lachman, Gary, *Los cuidadores del cosmos: Vivir de manera responsable en un mundo sin terminar*, Floris Books, Londres, 2013. [47]

---

[46]. Un libro verdaderamente revolucionario escrito por un gran estudioso respecto a lo que los antiguos realmente pensaban sobre la muerte y a la vida en el más allá.

[47]. ¿Cómo integramos los descubrimientos que se están haciendo acerca del mundo espiritual a la forma de vivir en la tierra aquí y ahora? Lachman proporciona una valoración fascinante de las respuestas posibles

LeShan, Lawrence, *Una nueva ciencia de lo paranormal: La promesa de la investigación psíquica*, Quest Books, Illinois, 2009.

Libet, B., C. A. Gleason, E. W. Wright y D. K. Pearl, «Cantidad de tiempo que tarda la intención consciente en actuar con relación al comienzo de la actividad cerebral (preparaciónpotencial): La iniciación inconsciente de un acto libremente voluntario», *Brain*, 106, 1983, 623–42.

Libet, Benjamin, *Tiempo de la mente: El factor temporal de la conciencia*, Editorial de la Universidad de Harvard,Cambridge, 2004.

Lockwood, Michael, *La mente, el cerebro y el quántum: El compuesto 'yo'*, Basil Blackwell, Oxford,1989.

Lorimer, David, ¿Supervivencia? Cuerpo, mente y muerte bajo la luz de la experiencia *psíquica*, Routledge & Kegan Paul, Londres, 1984.

_____, *Entero al ser uno: la experiencia cercana a la muerte y la ética de la interconexión*, Arkana, Nueva York, 1991.

MacGreggor, Geddes, *La reencarnación como esperanza cristiana*, Macmillan, Londres, 1982.

McMoneagle, Joseph, *Travesía de la mente: Explorar la conciencia, el tiempo y el espacio a través de verlos de manera remota*, Hampton Roads, Virginia, 1993.

Maxwell, Meg y Tschudin, Verena, *Ver lo invisible: Experiencias religiosas modernas y otras experiencias trascendentes*, Arkana, Londres, 1990.[48]

---

[48]. Una excelente investigación de experiencias contemporáneas místicas/trascendentes, con un gran surtido de narraciones del Centro de Investigación Sobre Experiencias Religiosas de Alister Hardy.

Mayer, Elizabeth Lloyd, *Conocimiento extraordinario: Ciencia, escepticismo y los poderes inexplicables de la mente humana*, Bantam, Nueva York, 2007.

_____, *Secretos de la visión remota: Un manual*, Hampton Roads, Virginia, 2000.

Medhananda, *Con Medhananda sobre las costas del infinito*, Sri Mira Trust, India, 1998.

Monroe, Robert A., *Travesías lejanas*, Doubleday, Nueva York, 1985.

_____, *Travesías fuera del cuerpo*, Doubleday, Nueva York, 1971.

_____, *La máxima travesía*, Doubleday, Nueva York, 1994.

Moody, Raymond A. Jr., *Vida después de la vida: La investigación de un fenómeno. La supervivencia de la muerte corporal*, HarperCollins, Nueva York, 2001.

Moody, Raymond, Jr., y Paul Perry, *Vistazos de la eternidad: Compartir el avance de un ser amado de esta vida hacia la siguiente*, Guideposts, Nueva York, 2010.

Moorjani, Anita, *Muero por ser yo: Mi travesía del cáncer a la cercanía con la muerte, hasta llegar a la verdadera sanación*, Hay House, California, 2012.

Murphy, Michael, *El futuro del cuerpo: Exploraciones sobre la evolución más extensa de la naturaleza humana*, Tarcher, Nueva York, 1993.[49]

Nicolaus, Georg, C. G. Jung y Nikolai Berdyaev, *La individuación y la persona*, Routledge, Nueva York, 2011.[50]

Pagels, Elaine. *Más allá de la fe: El evangelio secreto de Tomás*, Random House, Nueva York, 2003

---

49. El libro de Murphy no ha sido superado como catálogo de posibilidades humanas y es un verdadero tesoro por su información.

50. Un libro brillante sobre Jung y otras grandes mentes visionarias del siglo XX.

_____, *Los evangelios gnósticos*, Vintage Books, Nueva York, 1979.

Penfield, Wilder, *El misterio de la mente: Un estudio crítico de la conciencia y el cerebro humano*, Editorial de la Universidad de Princeton, Princeton, 1975.

Penrose, Roger, *Ciclos del tiempo: Una extraordinaria nueva visión del universo*, Knopf, Nueva York, 2010.

_____, *La mente nueva del emperador*, Editorial de la Universidad de Oxford, Oxford, 1989.

_____, *El camino a la realidad: Una guía completa a las leyes del universo*, Vintage Books, Nueva York, 2007.

_____, *Sombras de la mente*, Editorial de la Universidad de Oxford, Oxford, 1994.

Penrose, Roger, Malcolm Longair, Abner Shimony, Nancy Cartwright y Stephen Hawking, *Lo grande, lo pequeño y la mente humana*, Editorial de la Universidad de Cambridge, Cambridge, 1997.

Puryear, Herbert Bruce, *Por qué Jesús enseñó sobre reencarnación: Un evangelio de mejores noticias*, New Paradigm Press, Arizona, 1992.

Radin, Dean, *El universo consciente: La verdad científica de los fenómenos psíquicos*, HarperCollins, Nueva York, 1997.

_____, *Mentes enredadas: Experiencias extrasensoriales en una realidad cuántica*, Simon & Schuster, Nueva York, 2006.

_____, *Supernormal: Ciencia, yoga y la evidencia de habilidades psíquicas extraordinarias*, Random House, Nueva York, 2013.

Raine, Kathleen, *W. B. Yeats y el aprendizaje de la imaginación*, Dallas Institute Publications, Dallas, 1999.

Ramakrishna, Sri, *El evangelio de Sri Ramakrishna*, traducido por Swami Nikhilananda, RamakrishnaVivekananda Center, Nueva York, 1980.

Ring, Kenneth y Sharon Cooper, *Visión de la mente: Experien-*

cias cercanas a la muerte y fuera del cuerpo en personas ciegas, Centro William James para Estudios de la Conciencia en el Instituto de Psicología Transpersonal, California, 1999.

Ring, Kenneth y Evelyn Elsaesser Valarino, *Lecciones de la luz: Lo que podemos aprender de la experiencia cercana a la muerte,* Insight Books, Nueva York, 1998.

Robinson, Edward, *La visión original: Un estudio de la experiencia religiosa de la niñez,* Seabury Press, Nueva York, 1983.[51]

Rosenblum, Bruce y Fred Kuttner, *El enigma cuántico: Encuentros entre la física y la conciencia,* Editorial de la Universidad de Oxford, Nueva York, 2006.

Russell, Peter, *De la ciencia hasta Dios: La travesía de un físico hacia el misterio de la conciencia,* New World Library, San Francisco, 2004.

Schrödinger, Erwin, *¿Qué es la vida? Con mente y materia y escenas autobiográficas (Canto Classics),* Editorial de la Universidad de Cambridge, Cambridge, 1992.

Schwartz, Stephan A., *Apertura hacia el infinito: El arte y la ciencia de la conciencia no local,* Nemoseen Media, Texas, 2007.

Sheldrake, Rupert, *La liberación de la ciencia: 10 caminos para nuevos descubrimientos,* Deepak Chopra Books, Nueva York, 2012.

Singer, Thomas, *El asunto de la visión: Mito, política y psique en el Nuevo Mundo,* Routledge, Nueva York, 2000.

Smith, Houston, *La manera en la que son las cosas: Conversaciones con Huston Smith sobre la vida espiritual,* editado por Phil Cousineau, Editorial de la Universidad de California, Los Ángeles, 2003.

---

51. Una hermosa exploración de las experiencias espirituales en niños que utiliza mucho del material de Hardy que se trata en este libro.

Smoley, Richard, *El juego de los dados de Shiva: Cómo es que la conciencia crea el universo*, New World Library, San Francisco, 2009.

_____, *Sabiduría oculta: Una guía sobre las tradiciones occidentales internas* (con Jay Kinney), Quest Books, Illinois, 2006.

_____, *Cristianismo interno: Una guía sobre la tradición esotérica*, Shambhala, Boston, 2002.[52]

Stevenson, Ian, *Niños que recuerdan vidas pasadas: Una cuestión de reencarnación*. Rev. ed. Jefferson, McFarland, NC, 2001.

Sudman, Natalie, *Aplicación de lo imposible: Una experiencia cercana a la muerte*, Ozark Mountain, Arkansas, 2012.[53]

Sussman, Janet Iris, *La realidad del tiempo*, Time Portal, Iowa: 2005.

_____, *Desplazamiento del tiempo: La experiencia del cambio dimensional*, Time Portal, Iowa, 1996.

Talbot, Michael, *El universo holográfico*, HarperCollins, Nueva York, 1991.

Tarnas, Richard, *Cosmos y psique: Indicios de una nueva visión del mundo*, Plume, Nueva York, 2007.

_____, *La pasión de la mente occidental: Entender las ideas que han dado forma a nuestra visión del mundo*, Ballantine Books, Nueva York, 1993.

Tart, Charles T., *El fin del materialismo: Cómo es que la evidencia de lo paranormal está reuniendo a la ciencia y el espíritu*, New Harbinger, California, 2009.

---

52. Smoley es un guía esencial en cuanto a las tradiciones antiguas y muestra cómo un mayor entendimiento de esas tradiciones puede volver más significativas nuestras vidas actuales.

53. Una de las experiencias más asombrosas y significativas jamás relatadas.

Taylor, Jill Bolte, *Un ataque de lucidez: La travesía personal de una neuroanatomista,* Penguin, Nueva York, 2006.

TenDam, Hans, *Explorar la reencarnación*, traducido por A. E. J. Wils, Arkana, Londres, 1990.

Tompkins, Ptolemy, *El libro moderno de los muertos: una perspectiva revolucionaria sobre la muerte, el alma y lo que realmente ocurre en la vida que viene,* Atria Books, Nueva York, 2012.

Traherne, Thomas, *Prosa y poemas seleccionados*, Penguin Classics, Nueva York 1992.

Tucker, J. B., *La vida antes de la vida: Una investigación científica de los recuerdos de los niños sobre vidas pasadas*, St. Martin's Press, Nueva York, 2005.

Uždavinys, Algis, *La cadena dorada: Una antología de filosofía pitagórica y platónica*, World Wisdom Books, Indiana, 2004.

Van Dusen, Wilson, *La presencia de otros mundos: Los hallazgos psicológicos y espirituales de Emanuel Swedenborg*, Chrysalis Books, Nueva York, 2004.[54]

Van Lommel, Pim, *Conciencia más allá de la vida: La ciencia de la experiencia cercana a la muerte*, HarperCollins, Nueva York, 2010.[55]

Von Franz, MarieLouise, *Sobre la muerte & los sueños*, Shambhala, Boston, 1987.

_____, *Psique y materia*, Shambhala, Boston, 2001.

Walker, Benjamin, *Más allá del cuerpo: El doble humano y los planos astrales,* Routledge & Kegan Paul, Londres, 1974.

Weiss, Brian L., *Muchas vidas, muchos sabios*, Fireside, Nueva York, 1988.

---

54. Un libro extremadamente cómodo de leer acerca de los escritos frecuentemente densos y complejos de Swedenborg y las implicaciones de su vida y su trabajo.

55. Otro clásico moderno.

Whiteman J. H. M., *La vida mística: Un resumen de su naturaleza y sus enseñanzas a partir de la evidencia de la experiencia directa*, Faber & Faber, Londres, 1961.

_____, *Antigua y nueva evidencia sobre el significado de la vida: La visión mística del mundo y la disputa interna*, Colin Smythe, Londres, 1968.

Wigner, Eugene, «La eficacia poco razonable de las matemáticas en las ciencias naturales», *Comunicaciones en matemáticas puras y aplicadas*, 1960, 13, número 1.

Wilber, Ken (ed.), *Cuestiones cuánticas*, Shambhala, Boston, 1984.

Wilson, Colin, *Vida después de la muerte: una investigación*, Doubleday, Nueva York, 1987.

Yeats, William Butler, *Obras recopiladas W. B. Yeats, Volumen III: Autobiografías*, Touchstone, Nueva York, 1999.

Zukav, Gary, *La danza de los maestros de Wu Li*, William Morrow and Company, Inc., Nueva York, 1979.

_____, *El lugar del alma*, Fireside Press, Nueva York, 1989.

ÍNDICE

A

Abbott, Edwin 153.
Aborígenes 177.
actividad electroquímica 139.
actividad neuronal 134, 206. *ver también* cerebro
Acústica Sagrada 143, 206-208
adamah 17.
aeviternitas 177.
Afganistán 124.
África 74.
agon 189, 190.
agua, simbolismo de 72.
alegría 9, 50, 52, 55, 99, 137, 145, 155, 156, 159, 175, 179, 180.
almas 12, 24, 25, 34, 43, 53, 54, 70, 90, 102, 122, 128, 135, 138, 150, 151, 158, 173, 181, 187, 196, 198, 209.
alquimistas 17-19, 20, 96.
alucinación 36, 137, 188.
mal de Alzheimer 73, 128.
amistad 20.
amor 7, 12, 14, 20, 33-39, 55, 62, 63, 70, 103, 105, 106, 111, 146, 149, 150, 152, 171, 172, 180, 189, 190, 196, 197, 198, 202.
anamnesis 44.
ángeles 30, 100, 103, 177.
aprendizaje 35, 43, 140, 218.
Aplicación de lo imposible (Sudman) 155, 156.
Aquiles 52.
Aquino, Tomás de 177.
Aristóteles 341-45, 46, 52, 58, 59, 76, 96;
más allá y 31, 52;
creencias y 40-46;
herederos y 43;
lógica y 42, 43, 96;
mundo físico y 42, 43;
Platón y 40, 43, 52, 59, 76;
Atletas 133.
Australia 171.

B

Bache, Christopher 178.
Baile 49, 176, 177.
Bautismo 46, 72.
Belleza 20, 33, 39, 147, 173, 180.
Bell, John Stewart 94.
Biblia: 17, 87, 96, 112.
Epístola a los Hebreos 112, 113;
Génesis 17;
naturaleza y 96;
Proverbios 87;
Revelación 25, 75, 80, 156. (Apocalipsis) 105.
Blake, William 88.
Boehme, Jakob 122.
bondad 20, 55, 106, 153, 157.
Bohr, Niels 190.
Brahma 177.
Broglie, Louis de 26.
Buda 106, 169, 182, 187.
budismo 191, 192. budismo zen 191, 192; *ver también* budismo
Burckhardt, Titus 12.

C

caduceo 82, 144.
Campbell, Joseph 68, 71, 189.
cantar, 176; *ver también* música.
cantos 176, 203, 208.
cantos gregorianos 208.
carbono 14, 15, 16, 19, 143.
castigo 53, 140.
Centro de Investigación Rhine 93.
Centro de Investigación Sobre Experiencias Religiosas (RERC, por sus siglas en inglés) 39, 132, 137, 141, 152, 164, 180.
Centro Médico de la Universidad de Duke 93.

cerebelo 102.
cerebro: 12, 14, 19, 20, 27, 53, 54, 67, 68, 102, 103, 119, 121, 124, 135, 137, 138, 139, 140, 149, 153, 189, 204-209.

cerebelo 102;
conciencia y 134, 138, 205-208, 216;
espiritual y 19, 27, 53, 54, 67, 102, 103, 121, 137, 138, 139, 140, 153, 206;
estudio de 27, 68, 102, 139;
Hardy, opinión acerca del 119, 135, 137, 140, 153, 216;
memoria y 138;
lenguaje y 149;
lucidez terminal 138;
procesamiento de la información y 204, 205;
ritmo binaural 205, 206;
"ser interno" y 119, 209;
síndromes de sabiduría adquirida 138.

chamanes 70, 177.
cielo:
antiguos y 20, 37, 38, 46, 49-55-56, 114, 203;
bailar y 176;
ciencia y 14, 20, 38, 59, 60, 104, 114;
conocimiento y 55, 142, 150;
cristianismo y 47, 51, 192;
espiritual y 40, 42, 47, 102-104, 136, 144, 150;
estudio y 102, 192;
experiencias cercanas a la muerte y 40, 43, 100;
iniciación y 47;
mundo material y 59, 160;
misticismo 26, 99, 191;
Platón y 42, 44, 52, 144;
niñez y 136, 137, 142;
simbolismo y 170, 194;
ciencia:
Aristóteles y 41, 42, 46, 59, 60, 76, 96;
conciencia y 23-32, 60, 104, 210;
experiencia y 29-35, 59, 76, 82, 103, 113, 114, 119, 122, 123, 134, 135, 137, 148, 154, 155, 200, 204-209;
Hardy y 111, 119, 122, 123, 135, 137, 152;
iniciación y 60, 98;
Jung y 75, 76;
conocimientos y 35, 41, 59, 98, 112, 113, 197, 200, 206;
material y 20, 29, 93, 114;
realidad y 29, 31, 38, 46, 57, 60, 76, 98, 114, 122, 123, 143, 152, 154;
religión y 29, 31, 38, 46, 57, 60, 76, 98, 114, 122, 123, 143, 152, 154;
espiritual y 19, 26-31, 40, 42, 60, 82, 89, 97-104, 111, 112, 114, 123, 137, 138, 139, 143, 152, 154, 162, 197, 201, 206, 210;
tiempo y 16, 24-33, 66, 75, 97, 103, 114, 135, 152, 155, 201, 204, 206, 207;
visión y 24, 27, 29, 35, 59, 60, 76, 98, 122, 137, 139, 143, 155, 197.

círculos 150, 193;
simbolismo de 193.
coincidencia, 86, 133; *ver también* sincronicidad.
Coleridge, Samuel Taylor 41.
conexión 20, 38, 42, 136, 141, 142, 196, 210.
Conocimiento extraordinario (Mayer) 79.
conciencia 19, 23-33, 42, 60 66, 89, 93, 102-104, 122-139, 155, 162, 169, 197-210.
Corbin, Henry 105, 191, 192.
corriente del Golfo 119.
Costas más lejanas (Kason) 65.
Media luna fértil 48.
crecimiento 113, 172, 174.
cristianismo 42, 47, 51, 103, 142.
criptas 70.
Crosby, Stills and Nash 86.
cueva y la luz, La (Herman) 59.

D

Dante 169.
Deméter 48.
Demonios 103.
Descartes, René 88, 89.
destino 69, 194.
diablos 175.
Divina Comedia (Dante) 169.
divinidad 33, 62, 63, 69, 105, 106, 181, 183.
División de Estudios Perceptuales 139, 197 (DOPS, por sus siglas en inglés).
religión dogmática 29, 31, 114, 122.
"ciencia dogmática" 29, 31, 114.
pueblo dogón 74.
dolor 17, 52, 67, 68, 71, 72, 77, 88, 155, 159, 160, 165, 170, 189.
drogas 133, 134, 135, 206.
Durkheim, Emile 107, 111.

E

Ebert, Roger 187, 189, 189, 190.
Eccles, John C. 27.
Egipto 17, 207.
Einstein, Albert 105.
electrones 15 19, 224.
elementos 15, 16, 19, 144, 145, 162, 201, 203.
Emerson, Ralph Waldo 110.
emociones 14, 20, 30, 54, 62, 67, 113, 145, 155, 162.
empíreo 169.
entierro, *ver también* funerales 32, 70, 83, 85, 94, 116, 156;
ser enterrado 156.
Entlich, Don 85.
Er (soldado) 43.
Erasmo, Desiderio 164.
esferas 32.
escarabajo dorado 75, 76.
escritos 43, 46, 58.
escritura 58.
espiritual: 19, 21, 26, 29, 30, 31, 37, 39, 40, 41, 42, 47, 53-63, 67, 82, 83, 8789, 94, 97-116, 120-123, 132-145, 150-164, 180, 182, 191, 197, 201, 202, 206, 210;
cerebro y 19, 27, 53, 54, 67, 102, 121, 137, 138, 139, 140, 153, 206;
existencia y 58, 111, 121, 136, 162, 180, 210;
iniciación y 47, 53, 54, 60, 61, 63, 98, 115, 116;
existencia: 7, 20, 25, 28, 36, 44, 52, 58, 59, 94, 100, 111, 121, 136, 157, 160, 162, 170, 180, 200, 205, 209, 210;
más allá y 36, 44, 52, 157, 162, 169;
antiguos y 20, 52, 59;
memoria y 58;
física 52, 58;
existencia física 52, 58.
estudio de *La mente irreducible* 139.
experiencias cercanas a la muerte y 29, 31, 37, 40, 67, 82, 114, 153, 202;
Platón y 29, 41, 42, 58, 63, 87, 111, 115, 144, 153;
realidad y 26, 27, 29, 54, 67, 97, 110, 111, 121, 123, 137, 138, 139, 140, 152, 153, 161, 182, 191;
religion y 20, 29, 31, 47, 58, 60, 98, 114, 123, 142, 143, 152, 154, 182, 191;
ciencia y 19, 26-31, 41, 42, 60, 82, 89, 97, 98, 102, 103, 104, 111, 112, 114, 123, 137, 138, 139, 143, 152, 154, 162, 197, 201, 206, 210;
tiempo y 21, 26, 29, 30, 21, 37, 63, 67, 94, 97, 103, 114, 115, 140, 151, 153, 164, 180, 182, 201, 202, 206;
transformación y 47, 67, 94, 132, 139, 154;
visión y 27, 29, 60, 63, 67, 87, 88, 98, 121, 136, 137, 139, 143, 161, 197.
euforia 133, 134, 135, 163.
evidencia 42, 60, 69, 112, 113, 119, 137, 178.
experiencia cercana a la muerte de: 29, 31-35, 40, 43, 44, 65, 67, 68, 82, 100 113, 114, 124, 148, 149, 153, 155, 157, 168, 172, 173, 177, 200, 202, 203, 209;
autor y 40, 168;
chamanes y 177;
quienes dan la bienvenida y 78, 114, 124;
Kason y 65, 67, 82;
más allá y 34, 43, 44, 113, 149, 153, 157, 177, 202;
memoria y 29, 44, 100, 124, 148;
espiritual y 29, 31, 40, 67, 114, 153, 202;

Sudman y 155;
transformación y 67, 149, 155.
ultrarreal y 152, 149, 202.
experiencias fuera del cuerpo 30, 155, 177.
experiencias de vidas pasadas 159, 178.
explicado 119.
Platón y 44, 52, 58, 59, 111;
realidad y 25, 111, 121, 160, 170, 205;
espiritualidad y 210;
tiempo y 36, 52, 100;
verdad y 7, 58, 111, 200, 209.
existencialismo 58.
externo 200.

F

Facultad de medicina de Harvard 201.
Familiaridad 181.
fantasmas 52.
Fe 30, 40, 111-113, 132, 142, 154.
Fechner, Gustav 99-102, 112, 154.
felicidad 35, 62, 152, 157, 165, 180, 184.
física 18, 22, 23, 26, 27, 29, 42, 46, 47, 52, 58, 63, 67, 80, 82, 87, 97-105, 112, 113, 153, 154, 161, 173, 175, 182, 197, 203, 207.
Flatland: Tierra Plana (Abbott) 153.
flores 94, 132, 169, 170, 171, 176, 177, 179, 186.
folclor 95.
fuerza 12, 57, 63, 66, 67, 71, 82, 108, 109, 111, 115, 154, 159, 196.
Fundación de Cirugía de Ultrasonido Focalizado 201.
funerales, *ver también* entierro 77, 169.

G

Galileo 95.
Ghazali, Al-, 14.
Generación de Imágenes por Resonancia Magnética Intraoperatoria (iMRI, por sus siglas en inglés) 200.
Goethe, Johann Wolfgang von, 98, 101, 112, 154.
Goswami, Amit 27.

Gran Pirámide de Giza 207.
Grecia (antigua) 17, 44, 46, 54, 225.
Greyson, Bruce 139, 197.
Groll, Ursula 104.
Grupo de Investigación de Anomalías de Ingeniería de Princeton (PEAR, por sus siglas en inglés) 207.

H

habilidades psíquicas 49, 67, 71.
Hades (dios) 48.
Hardy, Alister 39, 111, 119, 120, 122, 123, 124, 130-141, 152, 153, 192, 216, 219.
herederos 39, 143, 144.
heridas 69, 70.
Heisenberg, Werner 26, 28, 90.
Heráclito 12.
Hering, Jean 35.
Herman, Arthur 59.
héroe de las mil caras, El (Campbell) 68.
héroes 69-71, 109, 189.
hilo dorado 20, 143, 180.
hinduismo 108, 109, 145, 200.
Himnos homéricos 53.
Homero 52.
Huxley, Aldous 137, 189, 190.

I

Ibn 'Arabi 105, 212.
Iglesia Metafísica de Arlington 82.
Ilíada (Homero) 52.
ilusión 12, 75, 94, 105, 168, 171, 188, 189.
Inanna (diosa) 468, 49.
individualidad 161, 178.
indisciplina 105.
infierno 32, 103, 175, 193.
inframundo 48.
iniciación y: 47-54, 60-64, 71, 98, 115, 116, 136, 188, 209.
más allá y 50, 53, 54, 60, 194;
travesía heróica y, 115
identidad y 98;
Platón y 115;
renacimiento y 64;
religión y 47, 60, 98.
ciencia y 60, 98.
espiritual y 47, 53, 54, 60, 61, 63, 98, 115, 116;

simbolismo y 50, 194.
transformación y 47, 63.
inmortalidad 14, 16, 18.
inocencia 141.
inspiración 43, 67, 80.
Instituto de Parapsicología 93.
interno 42, 49, 80, 103, 104, 111, 117, 200, 209.
intuición 115, 116, 138, 142, 210.
Iraq 155
israelitas 48.

J

James, Henry 120.
James, William 119, 120, 139, 142.
Jeans, James 26.
Jesús 46, 58, 60, 104, 106, 110, 115, 218.
Jordan, Ernst Pascual 25.
Josephson, Brian 27.
judaísmo 17.
Juliana de Norwich 163.
Jung, Carl 74, 75, 76, 163, 164.
K

karma 154, 168.
Kason, Yvonne 65-67, 82.
Kelly, Edward 139, 197.
Kelly, Emily Williams 139, 197.
Khan, Hazrat Inayat 200.
Kobra, Najmoddin 104.
Kossi, Kevin 197, 206.

L

Lao Tzu 182.
lenguaje 35, 60, 82, 104, 149, 175, 181
Leshan, Lawrence 89, 90, 93.
Lewis, C. S. 148,
lógica, 36, 42, 43, 64, 67, 69, 80, 95, 96, 110, 120, 121, 170, 198.
loto 169.
lucidez terminal 138.

M

mapa de todo 28, 29.
más allá 133, 134, 152, 153, 156-165, 170, 171, 175, 177, 180, 191, 194, 202.
material 14-29, 37, 59, 60, 74, 75, 89, 93, 97, 103, 106, 114, 135, 140, 142, 143, 149, 151, 160, 162, 175, 182, 190, 202, 204.
Mayer, Elizabeth Lloyd 79, 80-82.
mecánica cuántica 24-26.
Medhananda 145.
medicina, 37, 43, 60, 61, 201, 202, *ver también* ciencia.
Melodía Giratoria, 32, 55, 202, 205.
memoria 20, 47, 58, 129, 138.
meningitis 31, 68, 71, 205.
Metamorfosis (Ovidio) 18.
método científico 92, 96.
microcosmos 103.
misterio de la mente, El (Penfield) 208.
misterios eleusinos 48.
misticismo 99, 191.
mitología 48, 51, 68, 69, 71, 95, 116, 177.
Moore, Saskia 196.
movimiento del potencial humano 121.
Muir, Edwin 136.
mundo material 20, 27, 59, 74, 89, 142, 160, 202.
visión multidimensional 98.
"murky," definición, 87.
música 32, 39, 49, 138, 176, 177, 187, 202, 205, 208.
Myers, Frederic W. H. 137, 139

N

nueva ciencia de lo paranormal, Una (LeShan) 89, 90.
Newell, Karen 196, 206.
Newton, Isaac 88, 90, 95, 114.
niños / niñez 35, 72, 109, 123, 135, 136, 137, 140, 142, 143, 156, 158, 160, 173, 178, 181, 210.
no material 60.
Noche oscura, amanecer temprano (Bache) 178.
Núcleo 33, 70, 149, 179, 181, 183, 202, 205.

O

observación 25, 59, 96, 102.
observación interna 102.
Odisea (Homero) 52.

Om, 33, 202-205.
Ovidio 18.

P

Paleolítico 94.
Palmer, David 92.
mal de Parkinson 128.
Pascal, Blas 99, 101, 112, 154.
Pauli, Wolfgang 26.
Penfield, Wilder 201.
Penrose, Roger 27.
Perséfone 48, 49.
Persia 144, 150.
pirámides 207, 208.
Planck, Max 23, 26.
Platón: 41-46, 52, 57-59, 76, 87, 110, 111, 115, 144, 204, 212;
más allá y 40-44, 52, 57;
Aristóteles y 40-46, 52, 58, 59, 76;
Sócrates y 58, 115;
espiritual y 40, 42, 58, 87, 111, 115, 144;
verdad y 57, 58, 59, 110, 111, 115;
totalidad y 193.
portal 32, 33, 55, 70, 202, 205.
precognición 93.
profundidad 12-14, 33, 88, 138, 173, 190;
explicada 12.
protagonista 189.
Proverbios 87.
La prueba del Cielo (Alexander) 31, 35, 38, 50, 53, 63, 71, 72, 78, 111, 115, 202.
psique 53, 54 64, 76.
psiquiatría 80.
psicología, 67, 73, 76, 80, 93, 99, 102, 110, 120-122, 139, 141, 178.
Punto de Vista de una Lombriz de Tierra 31, 51, 202, 206.

Q

quienes dan la bienvenida 78, 114, 185.
Química 14-16, 112, 139, 204.

R

Ramakrishna, Sri 108.

Reina del Cielo 48.
realidad: 15, 22-29, , 34, 45, 50, 54, 64, 67, 71, 97, 110113, 121, 123, 135, 137, 138, 139, 140, 141, 152, 153, 156, 158, 160, 161, 170, 179, 181, 182, 191, 196, 204, 205, 207, 208;
ámbitos 12, 26, 31-33, 37, 43, 53, 55, 60 69, 103, 106, 123, 133, 138, 148, 149, 150, 151, 154, 171, 181, 182, 201-210.
ciencia y 15, 24-29, 97, 111, 113, 122, 135, 137, 138, 139, 152, 204, 205, 208;
conciencia y 24-29, 123, 135, 137, 138, 139, 205, 207, 208;
espiritual y 26-29, 54, 67, 97, 110, 111, 121, 123, 137, 138, 139, 140, 152, 153, 161, 182, 191;
experiencias cercanas a la muerte y 29, 34, 67, 113, 153;
invisible 135;
más allá y 22, 34, 50, 54, 113, 135, 152, 153, 156, 158, 170, 182, 189, 191;
memoria y 15, 22-29, 34, 45, 50, 54, 64, 71, 97, 101, 111 113, 121, 123, 135, 137, 138, 140, 141, 152, 156, 158, 160, 161, 170, 179, 181, 182, 189, 191, 196, 203-208;
mundo físico y 27, 54, 137, 141, 161;
sonido y 203-205, 208;
ultrarrealidad, 101, 205;
vacío y 25, 138, 182;
visión de 24, 27, 29, 64, 67, 121, 137, 139, 141, 161.
renacimiento 64, 72; *ver también* bautismo.
remembraza 44.
Reeves, George 109.
regalos del cielo 38, (dice Regalo del Cielo), 59.
reiki 82.
reencarnación 178.
religión: 21, 29, 31, 38, 60, 76, 99, 100, 114, 122, 123, 142, 143, 154, 157, 182.
ciencia y 29, 31, 38, 46, 57, 60, 76, 98, 114, 122, 123, 143, 152, 154;
divinidad y 181, 183;
dogmática 29, 31, 98, 114, 122;
espiritual y 21, 29, 31, 47, 58, 60, 98, 114, 123, 142, 143, 152, 154, 182, 191;
experiencias cercanas a la muerte y 29;
fe y 142, 154.

iniciación y 47, 60, 98.
religiones del misterio 46, 47, 57, 98;
Platón y 46, 57, 58, 80;
realidad y 29, 123, 152, 158, 181, 182, 191;
verdad y 31, 47, 57, 58, 60, 98, 99, 100, 114, 122, 152, 158, 182.
religión de un científico, La (Fechner) 99,100.
revolución científica 18, 96, 114, 120.
República, La (Platón) 43.
Rilke, Rainer Maria 174, 186.
Ring, Kenneth 218, 219.
ritmo binaural 205, 206.
ritos 46, 47, 48, 40, 52, 54, 61, 64.
Robinson, Edward 136, 137, 141,
Rowley, JaneAnn 115.
Rumi, Jalal Al-Din 167.
Russell, Peter 57.

S

Sagan, Carl 65.
Schrödinger, Erwin 26, 28.
San Anselmo de Canterbury 113.
San Agustín 113.
San Juan de la Cruz 121.
San Pablo 87.
Santa Teresa de Ávila 121.
separación 141.
sensación de lo otro 147.
Shakespeare, William 11, 92, 189.
Sheldrake, Rupert 113.
significado 20, 49, 57, 69-76, 82, 86, 97, 154, 155, 160, 162, 163, 164, 171, 175, 204.
simbolismo 49, 74, 169, 176, 182.
simetría, 15.
síndromes de sabiduría adquirida 138.
sincronicidad 74-76, 86.
sincronización de ondas cerebrales 198.
"Sinfonía Muerta" 196.
Smith, Huston 21.
Sócrates 58, 115.
sonido, 33, 200-209, *ver también* música; vibración,
Stapp, Henry 27.
sustancia 16, 112.

Sudman, Natalie 155, 156, 162, 165.
sueños 36, 63, 69-75, 88, 90, 112, 105, 114, 136, 149, 170, 171, 177, 184, 207.
sufrimiento 159, 163, 174, 188.
Suhrawardi 105.
sumerios 48, 49.
superhéroes 109
Superman 109, 135.
Suzuki, Daisetz T. 191, 192.
Suecia 101.
Swedenborg, Emanuel 97, 101-105, 112, 146, 191, 192.

T

tabla de esmeralda 162.
Tannous, Alexandre 197, 203.
taoísmo 17, 182.
Tarnas, Richard 64.
temor: 34, 52, 53, 74, 129, 185;
consciencia y 209;
muerte y 34, 53, 74;
espiritualidad y 53.
telepatía 93, 113.
Tesla, Nikola 28.
Teoría de todo 20-23,
tiempo/temporalidad: 16, 21-37, 52, 63-70, 75, 80-85, 94, 97, 100, 103, 109, 114, 115, 127, 129, 130, 131, 135, 140, 147, 151, 152, 155, 157, 159, 164, 167, 168, 171-190, 201, 202, 204, 206, 207.
aeviternitas 177;
budismo y 155;
ciencia y 16, 24-33, 66, 75, 97, 103, 114, 135, 152, 155 201, 204, 206, 207;
experiencia y 29-31, 63, 67, 100, 103, 114, 130, 135, 140, 155, 157, 168, 171, 172, 173, 177, 186, 202, 204, 206, 207;
ilusión de 75, 94, 167, 168, 171, 188, 189;
lineal 167, 168, 171, 173, 174;
música y 32, 176, 177, 202;
realidad y 22, 24, 26, 29, 67, 97, 135, 140, 152, 181, 182, 189, 204, 207;
espacio y 24, 26, 28, 151, 152, 164, 167, 168, 175, 176, 202;
espiritual y 20, 26, 29-31, 37, 63, 67, 83, 94, 97, 103, 114, 115, 140, 151, 152, 164, 180, 182, 201, 202, 206.
tiempo del Sueño 177.

Tompkins, Ptolemy, 72, 197, 198.
totalidad 193.
Traherne, Thomas 143.
transformación: 16, 47, 64, 66, 67, 94, 132, 139, 154, 155, 186, 195.
dificultad de 64, 94;
iniciación y 47, 64;
experiencias cercanas a la muerte y 67, 155;
espiritual y 47, 67, 94, 132, 139, 154.

U

ultrarrealidad 101, 148, 149, 202, 205.
ultrasonido 201, 202.
unidad 28, 38, 73, 77, 78, 90, 148, 206, 210.
universo, visión de, 60, 87, 141, 172, 173, 190.
Universidad de California, Berkeley 80,
Universidad de Virginia, 139, 197.

V

"Vacilación" (Yeats) 157.
Van Dusen, Wilson, 97, 102.
variedades de la experiencia religiosa, Las (James) 120, 121, 142.
veneración 40, 123 180.
verdad 39, 50, 58, 60, 63, 70, 88, 89, 106, 111, 113, 120, 135, 137, 152, 167, 176, 188, 190.
vida eterna 50, 149.
visión única 88.
vibración, 139, 202, 204; *ver también* música.
cielo exterior visible 104.
visión: 11, 24, 27, 29, 35, 49, 51, 59, 60-68, 76, 87, 95, 98, 105, 109, 121, 122, 136, 137, 139, 141, 143, 155, 161, 172, 185, 190, 192, 197;
Aristóteles y 59, 76;
Blake y 88;
ciencia y 24, 27, 29, 35, 59, 60, 76, 98, 142, 137, 139, 143, 155, 197;
Descartes y 88;
el cielo y, 51, 59, 121, 136, 143, 185;
Fechner y 100;
Goethe y 98; Kobra y 105;

LeShan y 89, 90, 93
microcosmos y 103;
Newton y 88, 95;
observación interna y 49, 67;
Pascal y 99;
Platón y 59, 76, 87;
espiritual y 27, 29, 60, 63, 67, 87, 88, 98, 121, 136, 137, 139, 143, 161, 197.
Swedenborg y 105, 192;
transformar y 64, 67, 139, 155.
visualización remota 113.

W

Whitehead, Alfred North 56.
Wigner, Eugene 25.

Y

Yeats, William Butler 156, 158.

Z

zorros 95-98.

ACERCA DE LOS AUTORES

El Dr. Eben Alexander ha sido un neurocirujano académico durante los últimos veinticinco años, que incluyen quince años en el hospital Brigham & Women's y en los Hospitales Infantiles, así como en la Escuela de Medicina de Harvard, en Boston. Es autor de *La prueba del cielo* y *El mapa del cielo*. Visítelo en EbenAlexander.com.

Ptolemy Tompkins es autor de *El libro moderno de los muertos*, *La vida divina de los animales* y *Fiebre del Paraíso*. Sus escritos han aparecido en the *New York Times*, *Harper's*, *The Best American Spiritual Writing*, la revista *Angels on Earth*, donde fue un editor durante diez años, y en Beliefnet.